성공한 한국인들이 목숨 걸고 지키는
▪18시간 몰입의 법칙

―이지성 지음

18시간 몰입의 법칙

2004년 10월 22일 1판 1쇄 발행
2013년 09월 05일 1판 36쇄 발행

지은이_ 이지성
펴낸이_ 박준기
펴낸곳_ 도서출판 맑은소리

주소_ 서울시 금천구 가산동 550-1 롯데 IT캐슬 2동 1105호
전화_ 02)857-1488
팩스_ 02)867-1484
출판등록_ 제10-618호(1991. 09. 18)

ISBN_ 978-89-7952-106-1   03320

* 저자와의 협약에 의해 인지 부착을 생략합니다.
* 잘못된 책은 구입한 곳에서 바꾸어 드립니다.
* 책값은 뒤표지에 있습니다.

성공한 한국인들이 목숨 걸고 지키는
18시간 몰입의 법칙

이지성 지음

▣ 일러두기

1. '18시간 몰입의 법칙'이라는 용어는 저자가 순수 창작한 것이다.

2. 이 책에 등장하는 대부분의 사례는 저자가 전기, 평전, 인터뷰 기사 등의 자료를 바탕으로 재창작한 것이다.

3. 저자가 재창작한 사례를 인용하려고 하거나 '18시간 몰입의 법칙'이라는 용어를 사용하려고 할 시에는 반드시 저자와 출판사 양측의 동의를 구해야 한다.

책을 시작하며……

절망의 바다를 표류하는 난파선, 한국호

신용불량자 400만 명 시대……
불황의 골 갈수록 깊어져…… 청년 실업 희망이 안 보여……. 연일 신문지상을 장식하는 이런 씁쓸한 기사 제목들을 굳이 인용하지 않더라도 한국 사회가 지금 얼마나 힘든 지경에 놓여 있는지, 그리고 이 상태가 앞으로 더 심해지면 심해졌지 지금보다 나아지지 않으리라는 것은 독자 여러분들께서 잘 알고 계시리라 생각합니다.

그렇습니다. 오늘날의 우리 한국 사회는 난파선을 닮았습니다. 희망이라는 돛이 꺾인 채 절망이라는 바다를 표류하는. 어찌된 게 이제는 학교 공부를 잘해도 희망이 안 보이고, 좋은 직장을 잡아도 미래가 그려지지 않습니다.

대학 졸업장은 취직에 아무런 도움이 되지 못하고 있으며, 유수한 기업들마저 부도의 위험 앞에 노출된 상황이기 때문입니다.

왜 어떤 사람은 龍이 되는가?

모두가 어렵다고 외치고, 다들 힘들다며 주저앉는 이 때에, 그러나 못을 박차고 하늘로 날아오르는 용처럼 자기 인생에 기적을 창조하는 사람들이 있습니다. 카드빚을 갚기 위해 화장실 청소 일을 해야 했던 사람이 서른두 살에 월 매출 2억 원대의 프랜차이즈 '베리스타7' 대표[1]가 되고, 아기 우유값을 구하지 못해 가슴을 쳐야 했던 주부가 연봉 12억 원의 회사 부회장[2]이 되고, 나이 마흔이 넘을 때까지 서울 시내 아파트 일곱 채에 해당하는 빚을 지고 살던 사람이 월급만 20억 원씩 받는 최고경영자[3]로 변하고……. 도대체 그들의 마음 속에는 남다른 무엇이 있었길래 그런 놀라운 운명을 끌어들인 걸까? 도대체 그들은 하루하루를 어떻게 살았길래 그런 놀라운 성취를 이룩하게 된 걸까? 주로 매스컴을 통해 들려오는 한국형 성공 스토리를 접할 때마다 저자가 품었던 의문이었습니다.

---

1) 이창용, 프랜차이즈 '베리스타7' 대표
2) 박형미, 화진화장품 부회장
3) 윤윤수, 필라 사장

한국형 자기운명 창조공식

그 의문에 대한 답을 얻기 위해 저자는 한국 사회에서 불가능한 조건을 딛고 크게 성공한 사람들에 관한 자료를 모으기 시작했고, 그렇게 3년을 모으다 보니 파일에는 어느새 500명이 넘는 사람들의 이야기가 묶이게 되었습니다. 저자는 저자 나름의 기준을 통해서 그 500명을 다시 300명으로 걸러냈고, 그들의 성공비결을 세밀하게 짚어나가면서 그 300명이 공통적으로 말하는 "한국형 자기운명 창조공식"을 발견할 수 있었습니다.

그것은 크게 다음 세 가지로 이루어져 있었습니다.

첫째, 지금 네 상황과는 도무지 어울리지 않는 크고 높은 꿈을 품어라. 그리고 그 꿈을 죽어도 포기하지 마라.

둘째, '18시간 몰입의 법칙'과 '3(4)시간 수면의 법칙'을 실천하라.

셋째, 꿈의 성취를 돕는 마음의 기술을 사용하라.

이 세 가지 공식을 저자의 삶에 적용한 결과, 저자 역시 새로운 인생을 살게 되었음을 고백합니다. 출판사에 원고를 가져가기만 하면 퇴짜를 맞았던 처지에서 불과 2년만에 책을 세 권이나 출판하는 그런 사람으로 변화되었음을 밝힙니다.

'18시간 몰입의 법칙'을 실천해 본 적이 있습니까?

지금 한국 사회는 의미없는 아우성으로 가득 차 있습니다. 내가 성공하지 못한 것은, 내가 부자가 아닌 것은 나라 탓이다, 경제정책 탓이다, 빈익빈 부익부로 흘러가는 사회구조 탓이다…… 하는 류의 공허한 변명들로 넘쳐나고 있습니다. 그러나 그렇게 부정적인 목소리를 높이는 사람들에게 저자는 묻고 싶습니다. 당신은 하루에 서너 시간만 자고 나머지 시간 전부는 일하는 데 바친 적이 있습니까? 만일 있다면 그런 생활을 5년 이상 계속해 본 적이 있습니까? 라고.

저자는 단언합니다. 대한민국에서 크게 성공한 사람치고 '3(4)시간 수면의 법칙'과 '18시간 몰입의 법칙'을 실천하지 않는 사람은 단 한 사람도 없습니다. 적게는 10년에서 많게는 30년씩 위의 법칙을 실천해 오고 있는 사람들이 대한민국의 성공자들입니다.

위의 법칙을 최소한 5년은 실천해 보고 난 뒤에 자기 운명과 사회와 국가에 대해서 어떤 의견을 제시해 보라고 저자는 권하고 싶습니다.

땀을 흘리지 않는 자, 눈물을 흘리게 되리라

세상에는 두 부류의 사람이 있습니다.

하루하루 적당히 사는 것, 그것이 바로 몰락이라는 결말을 향해 서서히 움직여 가는 보통 사람들의 정해진 운명이라는 것을 알고, 그 운명을 벗어나기 위해 몸부림을 치는 사람이 있습니다. 반면 이렇게 살면 안 되는데, 안 되는데 하면서도 실상은 눈꼽만큼의 변화도 없는 그런 삶을 사는 사람이 있습니다.

전자가 나날이 발전하는 삶을 사는 사람이라면, 후자는 나날이 퇴보

하는 삶을 사는 사람입니다.

전자가 내일을 위해 오늘 땀흘릴 줄 아는 지혜를 가진 사람이라면, 후자는 오늘의 안이함을 위해 내일을 희생시키는 어리석은 습관에 젖어 있는 사람입니다.

전자가 성공이라는 꽃다발을 받고 밝게 웃음지을 때, 후자는 실패라는 쓴잔을 마시고 눈물을 흘리게 될 것입니다. 이 책에는 한국에서 성공한 많은 분들이 실명으로 등장합니다. 저자가 일일이 찾아뵙고 자료 인용허락을 받는 것이 마땅하나 사정이 여의치 않았습니다. 하지만 굳이 그러지 않더라도 책과 매스컴을 통해 널리 알려진 이야기인 이상, 그리 큰 실례가 되지 않는다고 판단되어 저자 임의대로 싣게 되었습니다. 땀과 피로 채워진 여러분들의 빛나는 성공담을 제 부족한 책에 싣게 됨을 영광으로 생각합니다.

2004년 가을
이 지 성

| 차 례 |

책을 시작하며 _ 7
- 절망의 바다를 표류하는 난파선, 한국호

제1부
한국사회 성공 제1조건 "꿈을 가져라!"

● 한국사회 성공 제1조건, '돈'이 아니라 '꿈'이다
야, 이지성! 그만, 헛소리는 이제 그만! _ 19
10년 넘게 추구해 나가는 삶의 목표, 꿈 _ 21
완벽한 육체를 불러낸 마법의 힘, 꿈 _ 23
꿈의 속삭임에 귀 기울여라 _ 25
한국사회 성공 제1조건 _ 27
네 안에 기적의 씨앗을 뿌려라 _ 28

● 벼랑 끝에서 꿈을 가져라
벼랑 끝에서 꿈을 가진 한 사람 _ 31
벼랑 끝에서 꿈을 가져라 _ 33

● 지구에 종말이 온다 해도 네 꿈을 지켜라
꿈의 화신, 이순신 _ 36
나는 절대로 포기하지 않아 _ 37
더 뜨겁게 타올라라 _ 38
꿈의 팔을 달고 _ 39
내일 지구에 종말이 온다 해도 네 꿈을 지켜라 _ 39

● 세상이라는 바위가 깨질 때까지 너 자신을 던져라
- 이니셜 H _ 41
- 이니셜 S _ 45

● 이 사람들보다 더 불리합니까?
　휠체어 소년과 한쪽 팔이 없는 남자_50
　소아마비 장애인과 근육마비 청년_52
　반식물인간 대학생과 귀머거리 소녀_53
　두 다리가 으스러진 남자와 장님에 준하는 여자_54
　금메달리스트와 월드컵 우승선수_55
　국가대표 축구선수와 총리_56
　캠프리지 대학교 교수와 타악기 연주자_57
　킬리만자로 정복자와 마라톤 선수_59

● 포기하지만 않으면 꿈은 이루어진다_62

● 꿈의 칼로 세상의 심장을 찔러라
　죽자, 죽어버리자_69
　이 빚을 언제 다 갚습니까!_70
　야, 임마, 당장 나가!_71
　차라리 폐인이 되자_71
　꿈의 칼로 세상의 심장을 찔러라_72

● 외치십시오, "나는 할 수 있다!"
　You have a dream!_75
　외치십시오, "나는 할 수 있다!"_77

● 이젠 당신이 미쳐야 할 때
　한 양조업자의 꿈_79
　한 젊은 사장의 꿈_80
　이젠 당신이 미쳐야 할 때_81

제2부
한국에서 크게 성공한 사람들이 목숨 걸고 지키는
"18시간 몰입의 법칙"

　● 그들이 '꿈'을 이룬 이유
　　그들이 꿈을 이룬 이유_85
　　그들이 최고가 된 이유_88
　　생각해 봅시다_91

- 눈물보다 뜨거운 땀, 땀을 흘려라
  몸이 마비되고 부서질 때까지_93
  눈물보다 뜨거운 땀, 땀을 흘려라_95
  생각해 봅시다_97

- 성공한 한국인들이 목숨 걸고 지키는 '18시간 몰입의 법칙'
  벌레로 살 것인가? 나비가 될 것인가?_99
  저능아를 천재 사업가로 만들어준 '18시간 몰입의 법칙'_101
  '18시간 몰입의 법칙'_105
  성공한 한국인 300여 명이 말하는 최고최상의 성과를 내는 기술_109
  '18시간 몰입의 법칙' 실천자들_109
  '18시간 몰입의 법칙'의 효과_114
  생각해 봅시다_116

- 성공한 한국인들이 목숨 걸고 지키는 '3(4)시간 수면의 법칙'
  3(4)시간 수면의 법칙_118
  '3(4)시간 수면의 법칙' 실천자들_120
  '3(4)시간 수면의 법칙'의 효과_124
  생각해 봅시다_126

- 네 일에 목숨을 걸어라
  꿈의 나라 '스위스'의 힘_128
  일에 목숨을 거는 사람만이 성공한다_132
  대한민국 최고들이 공통적으로 내뱉은 말_134
  생각해 봅시다_135

제3부
실패를 즐겨라

- 실패를 즐기는 사람, 실패 때문에 힘들어하는 사람
  자수성가한 성공자 20,000명의 공통점_139
  실패를 즐긴 사람, 실패 때문에 힘들어 한 사람_140
  당신이 인정하지 않는 한 세상에 실패란 없다_142

● 사람은 실패한 만큼 성공한다_144
　생각해 봅시다 I _147
　생각해 봅시다 II _148

● 오히려 실패를 축복하라
　몸을 헐어 피로써 울며…_150
　나는 꿈 속에서 승천하는 용을 보네_151
　벌의 독침 같은 카운터 펀치를 날리려면…_152
　오히려 실패를 축복하라_153

● 넘어진 사람아, 활짝 웃는 얼굴로 벌떡 일어서라!
　세상에서 가장 무모했던 사람의 결말_156
　꿈의 완성으로 가는 오십 개의 계단_157
　활짝 웃는 얼굴로 벌떡 일어나라_159

● 실패 때문에 힘들어하는 사람을 위한 이야기
　첫 번째 이야기- 실패를 거울로 삼아라_161
　두 번째 이야기- 당신이 꿀 수 있는 가장 큰 꿈을 꾸어라_162
　세 번째 이야기- 실패를 즐겨라_165
　네 번째 이야기 - 절대로 절대로, 절대로 포기하지 마라_167
　다섯 번째 이야기- 최고의 성공은 최대의 난관 속에 숨어 있다_172
　여섯 번째 이야기- 햇살은 다시 비친답니다_177
　일곱 번째 이야기- 문제를 보지 말고 해결책을 보세요_182
　생각해 봅시다_188

제4부
성공에도 기술이 있다

● 네가 상상하는 그대로 이루어진다
　불가능을 향한 로저 베니스터의 도전_191
　로저 베니스터의 상상훈련_193
　'꿈 바라보기' 기술_195
　한국에서 '꿈 바라보기' 기술을 사용한 사람들_198
　"꿈 바라보기" 기술을 사용한 세계인들_203
　생각해 봅시다_206

● 네가 쓰는 그대로 이루어진다
  '꿈 쓰기' 기술_208
  '꿈 쓰기' 기술을 사용한 사람들_210
  생각해 봅시다_214

● 물음표 하나로 인생이 바뀐다
  뚱보 청소부와 세계적인 인물_216
  상위 1%의 질문법_219
  거인을 깨운 물음표_221
  삶을 바꾸어 주는 기적의 질문법_224
  물음표 하나로 인생을 바꾼 사람들_226
  생각해 봅시다_230

제5부
당신도 할 수 있다

  당신도 할 수 있다_235
  이 사람을 보라_236
  여기서 다시 한 번 생각해 봅시다_247

제1부
한국사회 성공 제1조건
"꿈을 가져라!"

한국사회 성공 제1조건,
'돈'이 아니라 '꿈'이다

야, 이지성! 그만, 헛소리는 이제 그만!

  1993년 3월, 한 젊은이가 고민이란 고민은 다 짊어진 듯한 얼굴로 거리를 헤매고 있었습니다. 주위 사람들에게 "작가가 되고 싶습니다. 작가가 될 거예요"라고 했다가 가슴에 대못이 박히는 아픔을 겪어야 했기 때문이었습니다.

  부모님의 반응은 이랬습니다.

  "네 의도는 좋다만…… 얘야, 한 번 생각해 보렴. 작가가 되려면 기본 실력이 있어야 할 것 아니니? 그런데 넌 이제껏 학교 글짓기 대회에서조차 입상한 적이 없잖니. 그렇다고 책을 즐겨 읽었던 것도 아니고 또 일기 같은 것을 열심히 썼던 적도 없잖니. 안된 말이지만 너를 갓난아기 때부터 지켜본 우리가 보기에 네가 작가가 될 확률은 1%도 안 돼 보이는구나. 그리고 너무 늦은 것 같아요. 그런 바람은 십대에나 갖는 거지. 쓸데없는 생각은 버리고 학교 공부나 열심히 하는 게 좋겠어요."

여자 친구의 반응도 이랬습니다.

"오빠, 취미 생활을 말하는 거겠죠? 본격적으로 글을 쓰겠다면 말리고 싶어요. 기분 나쁘게 들리겠지만, 나한테 쓴 편지만 보아도 오빠는 작가로서의 미래가 전혀 보이지 않거든. 오빠를 생각해서 이런 말을 하는 거예요. 기분 나쁘게 생각하지 않았으면 좋겠어."

친구들의 반응 또한 이랬습니다.

"야, 국어국문과를 졸업한 사람들도 평생 책 한 권 출판하기 어렵다더라. 그런데 네가 무슨 재주로 작가가 되겠다는 거야? 말도 안 되는 소리 좀 그만해라."

"당황스럽다 못해 기가 막힐 따름이다. 네가 작가가 된다니! 그만! 그만! 헛소리는 이제 그만! 이러다가 나까지 정신이 이상해지겠다."

상심한 청년은 지푸라기를 잡는 심정으로 선배들, 교수님들 그리고 주변 어른들을 찾아가 자신의 바람을 말해 보았습니다.

누군가 한 사람쯤 "해 봐! 할 수 있어! 위대한 작가들도 처음엔 자네처럼 '작가가 되고 싶다'는 마음에서 출발했다고. 다들 엄청난 풋내기들이었지. 하지만 누가 뭐라 하든 개의치 않고 끝까지 도전한 덕분에 작가라 불릴 수 있었던 거야!"라고 말해줄 것 같았기 때문이었습니다.

그러나 다들 부정적이었습니다. 더러는 인상을 찌푸리며 고개를 저었고 더러는 냉소 띤 얼굴로 비웃었으며 더러는 따끔한 질책을 했습니다.
"허황된 생각일랑 그만 하고 학교 공부나 열심히 하게."
작가가 되겠다는 청년에게 주위의 모든 사람들이 내려준 공통된 의견이었습니다.

10년 넘게 추구해 나가는 삶의 목표, 꿈

그로부터 2년 뒤, 주위 사람들의 부정적인 의견에도 불구하고 글을 써서 원고를 완성한 청년은 몇몇 출판사에 원고를 보냈습니다. 그리고 전부 거절당했습니다.

그러자 마치 기다리기라도 했다는 듯이 주위 사람들의 비난과 힐책이 다시 시작되었습니다. 부모님은 청년에게 어버이의 충고를 흘려듣는 불효 자식이라는 낙인을 찍었고, 여자 친구는 미래가 안 보인다며 떠나갔고, 친구들은 말이 통하지 않는 답답한 인간이라 말하며 고개를 흔들며 멀어졌습니다.

그 뒤로 다시 8년의 시간이 흘렀습니다. 그동안 청년은 출판사들로부터 수십 번의 퇴짜를 맞았고, 삼류 출판사에서 두 권의 책을 출판했다가 망했으며, 작사가에 도전했다가 실패했습니다.

그리고 작가가 되겠다고 마음먹은 지 정확히 10년째인 2003년 3월, 청년은 첫 공식 데뷔작이라 할 수 있는 '학원·과외 필요없는 6·3·1 학습법'이라는 책을 출판하게 되었습니다. 비록 한없이 미약하고 턱없이 부족한 작품이지만, 마침내 청년은 자신의 꿈으로 가는 공식적인 첫걸음을 내딛게 된 것입니다.

　93년 3월, 글쓰기와는 전혀 상관없는 삶을 살았던 청년의 마음 속에서 순간적으로 반짝이며 떠올랐던 "작가가 되고 싶다"는 생각, 이것을 가리켜 나는 '바람'이라고 말합니다. 주위 사람들로부터 "너는 안 된다"라는 소리를 들으면서도, 출판사들로부터 "출판할 만한 가치가 없는 원고다"라는 평가를 받으면서도 10년 동안 끈질기게 글을 쓸 수 있게 한 힘의 근원, 이것을 가리켜 나는 '꿈'이라고 말합니다.

완벽한 육체를 불러 낸 마법의 힘, 꿈.

지금으로부터 40여 년 전…… 오스트리아의 한 학교에는 '말라깽이' 라고 놀림을 받는 빈약한 체구의 소년들이 각 반마다 여러 명씩 있었습니다. 친구들로부터 '홀쭉이' '말라깽이' 라는 소리를 들을 때마다 소년들은 온몸의 피가 역류하는 듯한 심적 고통을 겪었습니다.

'우람한 근육질의 사나이가 되고 싶다.'

놀림을 받을 때마다, 말라깽이 소년들의 가슴 속에서 외치는 무의식 세계의 목소리였습니다. 그러나 대부분의 소년들은 이 목소리를 부정하거나 그냥 흘려 버렸습니다. 극히 소수의 학생만이 이 목소리에 응답해 체육관으로 향했습니다.

그러나 이 학생들마저도 점차 부정적이 되어 갔습니다. 체육관을 찾는 학생들의 수는 눈에 띠게 줄어들기 시작했고, 마침내 단 한 명만 남게 되었습니다.

"너무 힘들다. 꼭 이래야만 하는 거니? 다른 친구들도 다 그만 뒀잖아. 여기서 그만 둔다고 누가 뭐라 하겠어. 그냥 옛날로 돌아가면 안 될까? 헤라클레스 같은 근육이 대체 무슨 의미가 있지? 체육관의 헬스 기구에서 풍겨 나오는 이 쇠 비린내! 이젠 정말 싫다. 싫어!"

의식 세계의 자아는 갖가지 현실적인 이유를 대며 소년에게 그만 운동을 포기할 것을 집요하게 요구했습니다.

"너 요즘도 매일 체육관에 다닌다며? 꿈 깨라. 너는 체질적으로 보디빌더가 될 수 없어."

"가죽에 바람 집어넣는다고 그게 살이 되냐? 안쓰럽다. 안쓰러워. 너무 과도한 운동은 오히려 건강을 해친다는 말도 모르니? 이러다 너 진짜 잘못되면 심장마비로 죽게 될지도 몰라! 적당한 선에서 그만 둬라."

주위 사람들 역시 하나같이 소년에게 운동을 그만 둘 것을 종용했습니다. 그러나 소년은 무의식 세계가 보여주는 '꿈'을 끈질기게 물고 늘어졌습니다.

자신의 몸이 태산처럼 커지는 꿈에 취할 대로 취한 소년은, 전문 보디빌더들도 극심한 신체적인 고통을 느끼고 휴식을 취하게 되는, 체력 극한점에 도달하고도 매일 서너 시간씩 운동을 더 했습니다.

한계를 초월한 소년의 노력은 무의식 세계가 그려내는 완벽한 신체를 점점 현실 속으로 불러오기 시작했습니다.

그로부터 약 10년 뒤, 소년은 '미스터 유니버스 대회'의 우승자가 되고, 세계 육체미 대회를 10여 차례나 석권하는 꿈의 주인공이 됩니다. 그의 이름은 '아놀드 슈왈츠제네거'입니다.

꿈의 속삭임에 귀 기울여라

성서는 인간이 태초에 자신의 완전성을 잃어버렸다고 말하고 있습니다. 심리학에서는 "인간의 진정한 자아는 10%의 의식 세계가 아닌 90%의 무의식 세계 속에 존재한다"라는 말로 표현하고, 철학에서는 "인간의 내면에는 거대한 잠재의식의 세계가 숨겨져 있다"라는 말로 표현하며, 뇌를 연구하는 과학자들은 "인간은 평생 자기 뇌의 10%도 쓰지 못한다"라는 말로 표현합니다.

인간이 잃어버린 태초의 완전성, 무의식 세계 속에 숨겨진 진정한 자아, 내면에 잠들어 있는 거대한 잠재의식, 의지대로 쓰지 못하는 90%의 뇌, 이 다양한 명칭들을 내 안에 존재하는 '또 다른 나'라는 명칭으로 통일할 수 있다면, '꿈'은 '또 다른 나'가 알고 있는 진정한 자신의 모습입니다.

의식 세계의 표현이 주로 생각과 말을 통해 이뤄진다면, 무의식 세계의 표현은 순간적으로 스치는 마음 속의 바람을 통해 이뤄집니다.

마음 속을 스치는 바람이 무의식 세계의 '또 다른 나'가 보내는 꿈의 메시지인 줄 모르는 사람들은 그 메시지를 애써 부정하거나 '내가 상상하는 대로 이루어지면 오죽 좋겠어!' 하며 한숨과 함께 흘려버리기 일쑤입니다. 그렇게 그들은 평생 '꿈'을 부정하거나 흘려버리며 살기 때문에 그들의 '꿈'은 '현실'이 되지 못하고 복권 당첨 같은 요행이 아니면 절대로 이룰 수 없는 바람에 그치고 맙니다.

 반면 마음 속의 속삭임에 귀 기울이고 그것을 소중히 여기는 사람들은 '꿈'을 삶의 좌표로 삼습니다. 그들은 현실을 보는 대신 꿈을 봅니다. 현실의 목소리에 귀 기울이는 대신 꿈의 목소리를 듣습니다. 그리고 누가 뭐라 하든 자기 마음 속에 또렷하게 떠오르는 꿈의 영상, 그것 하나만 추구합니다. 그렇게 그들은 십 년씩, 이십 년씩 자신의 모든 것을 꿈에 쏟아 붓습니다. 그리고 그 대가로 꿈이 현실로 변하는 순간을 맞이하게 됩니다.

한국사회 성공 제1조건

대한민국에서 크게 성공한 사람 치고 꿈을 갖지 않은 사람은 단 한 사람도 없습니다. 그들의 성공은 전부 꿈으로부터 비롯되었습니다. 물려받은 재산도, 연줄도, 학벌도 아니었습니다. 주위 사람들이 전부 비웃고, '그건 말도 안 되는 소리야' 라며 혀를 차는 그런 비현실적인 꿈, 그것 하나로부터 시작했습니다.

막노동을 하며 살아가던 이십대 청년 김철호는 어느 날 자전거 가게를 열고 자전거 안장을 만드는 일을 시작했습니다. 자전거 안장을 만들면서 그가 품었던 꿈은 "나는 언젠가 자동차도 만들고, 비행기도 만드는 사람이 된다"는 것이었습니다. 주위 사람들의 반응은 한마디로 '기가 막힌다' 는 것이었습니다. 그러나 자전거포 주인 김철호는 후일 자신의 말대로 기아자동차 창업자가 되었습니다.

서울시 중구 을지로 1가 25번지에서 톱밥난로 하나 갖다놓고 사업을 시작했던 삼십대 청년 신용호의 꿈은 한국에서 제일 큰 보험사와 서점을 만든다는 것이었습니다. 그의 사업계획서를 100명의 저명인사가 검토했는데, 99명이 '한국에서는 도저히 실현 불가능이다' 라며 반대의 뜻을 나타냈습니다. 그러나 그는 99명의 부정적인 의견에 굴하지 않고 자신의 꿈을 밀고 나갔는데, 그가 세운 회사의 이름은 '교보' 였습니다.

부자가 되는 것도 마찬가지입니다. 한국 사회에서 부자가 된 사람들은 다들 '꿈' 이라는 무형의 자산에서 시작했지, 어느 누구도 '돈' 이라는 유형의 자산 위에서 시작하지 않았습니다.

한상복 씨의 저서 〈한국의 부자들〉이란 책을 보면, 한국 부자들의 제1 성공요인은 다름 아닌 '꿈' 이라고 써있습니다.

한국에서 맨손으로 시작해 30억 원대의 부자가 된 한국사람 33명을 조사해서 〈부자들의 돈 버는 습관〉이라는 책을 펴낸 김명규 씨 역시 한 잡지와의 인터뷰에서 한국의 부자들은, 놀라운 인내와 끈기로 자신의 꿈을 끝까지 붙든 사람들이었다고 말하고 있습니다.

한국 사회의 성공 제1조건은 돈이 아니라 꿈인 것입니다.

네 안에 기적의 씨앗을 뿌려라

또 한편으로 한국에서 크게 성공한 사람들은 전부 마음 속의 속삭임에 귀를 기울이고 그것을 인생목표로 삼은 사람들입니다.

그들에게 중요한 것은 현실이 아니라 꿈이었습니다.

그들은 월급 32만원 받는 처지에 있으면서도 '부자들이 부러워? 해봐! 너라고 200억을 벌지 못하란 법 없잖아?' 하는 마음의 속삭임에 정신없이 빠져드는 사람들[4]이었고, 자본금 4백만 원에 지하 셋방 사무실에서 사업을 시작하면서도 '세계 최고의 꿈을 꾸지 않는 자는 이곳에 들어올 수 없다!' 는 간판을 내다 거는 사람들[5]이었습니다.

당신에게도 그런 마음 속의 속삭임이 있을 것입니다.

성공한 사람, 유명한 사람, 부자인 사람들을 볼 때마다, "저들이 해낸 걸 너라고 왜 못해? 해봐! 너도 할 수 있어. 저렇게 될 수 있어, 아니 어쩌면 저들보다 더 크게 성공할 수 있어!"하고 외치는 또 다른 나의 목소리를 듣고 있을 겁니다.

바로 그 목소리를 신뢰하십시오. 그게 바로 당신 안의 또 다른 '나'가 가르쳐주는 당신의 참모습입니다.

당신이 할 수 없다면, 너도 할 수 있어! 하는 마음 속의 속삭임은 절대로 들려오지 않습니다. 당신이 이룰 수 없는 꿈이라면, 그것은 단 한 장면도 당신의 마음 속에서 그려지지 않습니다.

---

4) 던필드, 정재승 회장
5) KJ프리텍, 홍준기 사장

당신이 진정 할 수 있기에, 당신이 분명 이룰 수 있기에 꿈의 목소리는 들려오고, 꿈의 그림은 그려지는 것입니다.

지금 통장엔 단돈 10만 원밖에 없는데 자꾸만 100억 원이 그려진다면 그 꿈의 영상을 당신의 인생목표로 정하고 당신의 모든 것을 쏟아 부으십시오. 100억 원이 아니라 1,000억 원을 벌게 될 것입니다.

지금 단칸 셋방에 사는데 텔레비젼 드라마에 나오는 그림 같은 집이 자꾸만 눈앞에 아른거린다면, 언젠가는 그것을 갖게 될 거라고 완벽하게 믿으십시요. 분명히 그런 집에서 살게 될 겁니다.

한국의 성공자들은 한 목소리로 말하고 있습니다. 아무리 터무니없어 보이는 꿈일지라도 사람이 꿈을 마음 속에 품으면, 바로 그때부터 기적의 씨앗이 싹트기 시작한다고.

벼랑 끝에서 꿈을 가져라

벼랑 끝에서 꿈을 가진 한 사람

1920년대 초반은 미국 경제가 팽창 가도를 달리던 시기였습니다. 주가는 연일 폭등을 거듭했고, 사업은 벌이기만 하면 쑥쑥 커나갔습니다.
그런데 이 축복 받은 경제 호황기에 슬픈 얼굴로 생활하는 한 사업가가 있었습니다. 커피 분쇄기와 정육점용 저울을 주로 판매하는 '컴퓨터 태뷸레이팅 레코드사'의 사장 토머스 왓슨이었습니다. 왓슨이 그늘진 얼굴로 하루하루를 보내는 데는 이유가 있었습니다.

다른 회사들은 들어오는 돈을 주체하지 못해 야단인데 자기 회사는 '파산'을 걱정해야 하는 처지였기 때문이었습니다. 실제로 왓슨의 회사는 얼마 전 거의 부도 직전까지 갔었고, 그 이후로는 막대한 자금을 차입해서 겨우 버티어 오고 있는 실정이었습니다.

회사의 미래 또한 암담하기만 했습니다. 직원들은 그저 아무 생각 없이 매장에 앉아 담배나 피워대면서 하루를 소일하는 사람들이었고, 그나마 들어오는 매출액은 죄다 이자로 빠져나가고 있는 실정이었습니다.

사업을 정리하고 자연인으로 돌아가야 함이 마땅한 그 때, 왓슨은 비현실적인 결단을 내렸습니다. 이렇게 초라한 패배자의 모습으로 하루하루를 살아가느니 뭔가 거대한 '꿈'을 세우고 거기에 자신의 모든 것을 쏟아 붓기로 결심한 것입니다.

'우리 회사를 수년 내에 미국 최고의 회사로 만들고, 수십 년 내에 국제적인 규모의 회사로 키워내겠다.'

이것이 바로 무능한 직원들을 데리고 도산의 위기를 간신히 극복해 나가고 있던 당시의 그가 세운 꿈이었습니다.

자신의 꿈을 한시라도 잊어버리지 않기 위해, 회사 이름까지, '국제'가 들어간 '인터내셔널 비즈니스 머신'으로 바꾸고, '꿈'을 향해 달려간 그를 후세 사람들은 세계적인 컴퓨터 기업 'IBM'의 창업자로 기억하고 있습니다.

벼랑 끝에서 꿈을 가져라

인생의 벼랑 끝에서 우리가 가져야 할 것이 있다면 그것은 오직 하나, '꿈' 입니다.

주위 사람 모두가 미쳤다고 욕하고, 화내고, 손가락질하게 만들 정도로 크고, 놀랍고, 대담하고, 위대한 '꿈', 오직 그것 하나뿐입니다.

'꿈' 을 갖는 것마저 사치스럽게 느껴지는 고통스런 때일수록 우리는 '꿈' 을 호흡하고, '꿈' 을 먹고 마시며, '꿈' 과 함께 잠들고 '꿈' 과 함께 깨어나야 합니다.

언제나 '꿈' 을 말하고, 어디에서든지 '꿈' 으로 인해 불타오르고, 누구든 '꿈' 으로 제압하고, 무엇이든지 '꿈' 으로 점령할 수 있어야 합니다.

그래야만 우리는 인생을 역전시킬 수 있는 기회를 잡을 수 있습니다. 그렇게 해야만 우리는 인생에 빛을 끌어들일 수 있습니다.

월트 디즈니는 사업에 실패하고 쥐들이 들끓는 빈민가로 내몰렸을 때 '디즈니랜드' 의 꿈을 가졌습니다. 이 '꿈' 이 있었기에 그는 남들이 먹다 버린 빵을 주워먹는 생활을 하면서도 매일 팔이 아플 때까지 만화를 그릴 수 있었습니다.

20세기 최고의 펀드매니저라 불리는 조지 소로스는 생계를 위해 술집에서 웨이터 생활을 할 때 '세계 최고의 부자가 되겠다' 는 꿈을 가졌습니다. 이 '꿈' 이 있었기에 소로스는 손님들이 남기고 간 음식 찌꺼기로 식사를 대신하면서 돈을 모아 '런던 경제 스쿨' 에 진학할 수 있었습니다.

100만 명에 달하는 뷰티 컨설턴트가 활동하는 '매리 캐이 코스메틱사'의 창설자 매리 캐이는 실직하고, 남편이 사망하고, 병까지 걸린 45세의 나이에 '여성이 무한한 가능성을 펼칠 수 있는 회사를 만들겠다'는 꿈을 가졌습니다. 이 '꿈'이 있었기에 그녀는 변호사와 회계사들의 반대를 무릅쓰고 단돈 5,000달러로 화장품 사업을 시작할 수 있었습니다.

세기의 패션 디자이너 크리스챤 디오르는 '당신은 디자이너 일에 맞는 사람이 아닙니다'는 소리와 함께 수십 곳의 회사로부터 취직 거절 통고를 받은 상황에서 '위대한 패션 디자이너가 되겠다'는 꿈을 가졌습니다. 이 '꿈'이 있었기에 그는 끝까지 도전할 수 있었고 마침내 자그마한 의상실에 취직할 수 있었습니다.

유럽의 억만장자 보도 섀퍼는 신용카드를 남발하다 파산하고 빚더미에 올라앉은 상태에서 '경제적으로 자유로워지겠다'는 꿈을 가졌습니다. 이 '꿈'이 있었기에 그는 인생을 포기하고 부랑자로 떠도는 대신 열정적으로 새 삶을 시작할 수 있었습니다.

한국의 성공자들 역시 벼랑 끝에서 꿈을 가진 사람들입니다.

어떤 사람[6]은 불치병인 근육무력증에 걸려 5년간이나 침대생활을 할 때, 한국에서 가장 바르고 정직한 기업을 세우겠다는 꿈을 세웠습니다.

또 어떤 사람[7]은 사업에 실패한 뒤 해결사에게 언제 죽을지 몰라 가슴에 유서를 품고 다닐 때, 전국을 제패하고 세계로 뻗어나가는 사업체를 세우겠다는 꿈을 세웠고, 또 다른 사람[8]은 한강 둔치에서 3년씩 노숙생활을 할 때 세계 최고의 제품을 만들겠다는 꿈을 가졌습니다.

다른 많은 성공자들 역시 마찬가지입니다.

 사람은 누구나 인생에서 눈물과 한숨, 절망과 좌절만 계속되는 어려운 한때를 만납니다. 그 때 어떤 사람들은 눈물과 함께 주저앉고 한숨과 함께 쓰러지지만, 또 어떤 사람들은 꿈과 함께 다시 일어나고, 희망과 더불어 앞으로 나갑니다.

 한국의 성공자들은 인생의 암흑기에 꿈이라는 등불을 켰던 사람들입니다.

---

6)박성수, 이랜드 사장
7)김철윤, 해리코리아 사장
8)신충식, 에센시아 대표

지구에 종말이 온다 해도 네 꿈을 지켜라
꿈을 밀고 나가는 힘은 이성이 아니라 희망이며 두뇌가 아니라 심장이다.
— 도스토예프스키

꿈의 화신, 이순신

1597년 8월, 감옥에서 풀려나 삼도 수군 통제사로 복직한 이순신 장군은 조정으로부터 다음과 같은 명령을 받았습니다.

"현 조선 수군으로는 왜 수군에 도저히 승산이 없으니 육지로 올라가 종군하라."

추상 같은 임금의 명령에 이순신 장군은 이렇게 답변했습니다.

"아직 신에게는 전선 열두 척이 있으니 죽을 힘을 다해 싸우면 기필코 승리할 수 있습니다."

같은 해 9월, 이순신 장군은 패잔병과 어부로 구성된 120명의 병사와 전선 열두 척을 이끌고 수천 명의 적병과 133척의 적선이 새까맣게 몰려오는 명량으로 향했습니다. 개전 초기에 가졌던, '왜적을 격파해 나라의 수치를 갚겠다' 는 자신의 꿈에 충실하기 위해 전세의 불리함이라든지 목숨의 위태로움 같은 현실적인 문제들은 완벽하게 무시하고, 그야말로 '꿈' 의 화신이 되어 죽음의 전쟁터로 달려간 것입니다.

나는 절대로 포기하지 않아

1940년 8월, 히틀러는 전시 지령 제16호 '바다사자 계획' 을 발했습니다. 같은 달 13일, 영국 상공은 1,500여 대의 독일 폭격기로 뒤덮였습니다. 폭격은 4개월간이나 계속되었습니다.

독일 폭격기들이 런던 상공을 한바탕 휩쓸고 지나갈 때마다 사람들은 처칠을 둘러싸고 이렇게 다그쳤습니다.

> 「폭탄 하나가 떨어질 때마다 우리 영국인 네 명이 죽어나가는 걸 모르십니까? 항복하십시오. 어차피 독일이 이기게 되어 있습니다. 무고한 인명이 지금 의미없이 희생되고 있습니다. 당신 책임입니다. 당신 고집에 대한 대가를 국민들이 처참하게 치르고 있다는 사실을 알아야 합니다. 제발 이성적으로 판단하십시오.」[9]

그 때마다 처칠은 방공호에서 뛰어나와 독일 폭격기들을 향해 주먹을 휘두르면서 이렇게 외쳤습니다.

"너희들은 나를 이길 수 없어. 나는 절대로 포기하지 않아. 절대로,

---

[9] 돈/보도 새퍼/북플러스에서 인용

절대로, 절대로!"

잿더미로 변해 버린 조국, 불에 탄 시체들이 뒹구는 런던 거리, 거의 매일같이 전해져 오는 독일의 승전 소식……. 현실은 독일에 승리하겠다는 처칠의 꿈을 가혹할 정도로 짓밟는 절망적인 사건들뿐이었지만 그럴수록 처칠은 큰소리로 자신의 꿈을 부르짖었습니다.

더 뜨겁게 타올라라

1995년, 중학생 축구 선수 김은중은 축구 연습 도중 안면에 불덩어리가 작렬하는 듯한 충격을 받고 병원에 실려 갔습니다. 진찰 결과 축구공에 얻어맞은 그의 왼쪽 눈 망막이 파열된 것으로 나타났고 그는 망막 접합 수술을 받게 되었습니다. 그러나 치료를 받았음에도 불구하고 시력은 계속 나빠졌고 마침내 1997년, 김은중은 왼쪽 눈의 시력을 거의 잃게 되었습니다. 그는 입체감과 거리감을 상실하게 되었고 공이 2미터 앞에서 날아오는지 5미터 앞에서 날아오는지조차 분간할 수 없게 되었습니다.

축구를 그만두어야 함이 백 번 마땅한 그 때, 김은중은 오히려 축구 선수의 '꿈'에 한층 더 강하게 다가갔습니다. 고등학교를 중퇴하고 프로 축구단에 입단한 것입니다. 축구 선수로서는 사망 선고나 다름없는 '실명'이라는 장애물 앞에서 그가 선택한 것은 전보다 몇 배나 더 뜨겁게 '꿈'을 향해 타오르는 것이었습니다.

꿈의 팔을 달고

1996년, 경기도 안산의 방위 산업체에서 복무하던 무에타이 국가대표 선수 김선기는 프레스 기계를 고치다가 일순 머릿속이 하얗게 뒤집어지고 말았습니다. 갑자기 오작동을 일으킨 기계가 괴물 같은 입을 벌려 자신의 오른팔을 팔꿈치 바로 위까지 먹어치우는 광경을 목격하게 된 것입니다. 이 사고로 그는 팔꿈치 절단 수술을 받아야 했고 6개월간 병원에 입원해 있어야 했습니다.

한쪽 팔을 앗아간 잔인한 운명에 맞서 김선기가 취했던 행동은 '꿈'의 팔을 달고 운명과 한판 승부를 벌이는 일이었습니다.

퇴원 후, 극도로 약해진 몸을 추스리자마자 그는 남은 한쪽 팔에 글러브를 끼고 무에타이 경기장으로 달려갔습니다. 그는 대회 관계자들을 설득하여 다시 링에 올랐고, 세계 각국의 무에타이 선수들을 상대로 전보다 두 배는 더 맹렬한 경기를 치르기 시작했습니다.

'킥복서'의 꿈을 물거품으로 만들어버린 저주스러운 운명 앞에 김선기가 돌려준 것은 '꿈'을 향한 완전한 열정이었습니다.

내일 지구에 종말이 온다 해도 네 꿈을 지켜라

절망 그 자체라 할 수 있는 현실 앞에서 '꿈'을 향해 빛처럼 쏘아져 나간 이 사람들의 '꿈'은 전부 이루어졌습니다.

이순신 장군은 세계 해전사상 유례없는 대승을 거두었고, 처칠은 독일에 승리했으며, 김은중은 국가대표선수로 활약하다 J-리그에 진출했고, 김선기는 17전 14KO승을 거두며 한국 밴텀급 챔피언과 코리아 그랑프리 대회(세계 이종 격투기 대회) 준우승에 올랐습니다.

이 사람들은 가르쳐 주고 있습니다.

'꿈'은 완벽하게 '꿈'만을 바라보며 갖는 것이라고.

눈앞에 닥쳐오는 현실의 모습이 어떠하든 그것은 허상에 불과하며, 오직 내 마음 속에 그리고 있는 '꿈'의 영상만이 진실이라는 태도를 갖는 것이라고.

현실 대신 '꿈'을 선택하는 것이 온몸이 오그라질 정도의 고통과 두려움을 동반하는 것일지라도, 그 선택이 절대적으로 옳다는 믿음으로 갖는 것이라고.

'꿈'으로 가는 산길을 오르다 운명이 던진 돌덩이에 얻어맞고 천길 낭떠러지로 떨어진다 해도 천진하게 웃는 얼굴로 일어나 다시 그 길을 간다는 자세로 갖는 것이라고.

'꿈'을 추구함으로 인해 사람들과 멀어지고 마침내 세상으로부터 완전히 고립된다 할지라도 여전히 '꿈'을 붙들겠다는 의지를 갖는 것이라고.

내일 지구에 종말이 온다고 해도 오늘 나는 '꿈'을 이루기 위한 혼신의 노력을 기울이겠다는 각오를 갖는 것이라고.

한국의 성공자들은 다들 이와 같은 마음가짐으로 자신의 꿈을 지킨 사람들입니다.

세상이라는 바위가 깨질 때까지
너 자신을 던져라

작가의 꿈을 가진 두 사람이 있었습니다. 이 두 사람은 자신의 꿈을 다음과 같이 밀고 나갔습니다.

이니셜 H

꿈을 실천에 옮긴 1년째

간결한 문체를 배우기 위해 신문사에 취직한 그는 매일 아래와 같은 꾸지람을 들으며 살았습니다. "이걸 기사라고 써왔어? 너 지금 독자들을 우롱하는 거야? 너 글써서 먹고사는 기자 맞아? 이거 원 소매치기와 시민의 난투극이 아니라 무용가와 코미디언의 사랑싸움같이 썼잖아? 이런 글을 누가 읽겠어? 안 돼! 안 돼! 넌 알파벳부터 다시 배워야 해!"

3년째

전쟁에 자원했다가 중상을 입고 집으로 돌아왔습니다. 목숨처럼 사랑했던 여자 친구로부터 버림을 받았습니다.

신경쇠약에 걸려 툭하면 싸움질을 했고, 매일 술에 절어 살았으며 엉망으로 취해 집안의 가재도구를 부수기 일쑤였습니다. 두 편의 소설을 써서 출판사에 투고했다가 모두 퇴짜를 맞았습니다.

4년째

부모님으로부터 매일 꾸지람을 받는 나날의 연속이었습니다. "기껏 앉아서 한다는 짓이 글쓰는 일이니? 제발 취직이라도 좀 해라. 작가는 아무나 될 수 있는 게 아냐. 제발 정신 좀 차려라." 부모님은 작가로서의 그의 미래를 철저히 부정했습니다.

유명 출판사 편집장에게 원고를 보였다가 "평범하다. 평범함을 뛰어넘을 문학적 기량이라고는 도무지 보이지 않는다"는 절망적인 평가를 받았습니다.

5년째

"너처럼 버르장머리 없고 망나니 같은 자식과는 도저히 한 집에서 살 수 없다. 네가 쓰는 글들도 모두 더럽고 쓰레기 같은 글들뿐이다. 언젠가는 정신을 차리겠지라고 생각했는데 너에게서는 어떤 희망도 보이지 않는구나. 이제 그만 집을 나가다오." 생일날, 어머니로부터 이와 같은 편지를 받고 그는 시카고에 있는 빈민굴로 자리를 옮겨야 했습니다. 1년 동안 잡지사와 신문사에 30편이 넘는 글을 발표했습니다. 그 대가로 총 20만 원을 받았습니다.

6년째

 피땀 흘려 쓴 원고를 전부 잃어버렸습니다. 아내가 기차를 타고 가다가 원고가 든 가방을 분실했기 때문이었습니다. 장편 1편, 단편 18편, 시 30편이 든 가방이었습니다. 주위 사람들은 가망 없는 작가의 길을 그만 포기하라는 메시지가 담긴 운명적 사건이라고 수군거렸습니다. 잡지에 글을 싣고도 원고료를 지불받지 못했습니다. 대신 잡지사로부터 "글을 실어주는 것만으로도 당신은 우리에게 감사해야 한다"라는 말만 들었습니다.

7년째

 동료 작가들로부터 "이니셜 H는 세상의 모든 출판사들로부터 퇴짜를 맞았다"는 비아냥 섞인 말을 들으며 살았습니다. 〈세 편의 단편 소설과 열 편의 시〉라는 제목으로 첫 작품집을 출판했습니다. 출판사는 팔릴 가망성이 거의 없다고 보아 겨우 300부를 찍었습니다. 예상대로 책은 팔리지 않았습니다. 신문사에 글을 기고했으나 누구 하나 관심을 기울여 주지 않았습니다. 간혹 신문에 그의 글이 실릴 때도 있었지만 그의 이름은 나오지 않았습니다. 그의 작가적 역량을 무시한 편집자들이 일부러 싣지 않은 까닭이었습니다.

8년째

화장실도 수도도 없고, 전기도 가스도 들어오지 않는 빈민가에서 생활했습니다. 단백질을 보충하기 위해 공원의 비둘기를 잡아먹으며 살았고, 매일같이 맹물에 고구마 튀김만 먹고 살았습니다. 누구 하나 그의 작품을 사주지 않아서 늘 빈털터리였기 때문이었습니다.

9년째

〈더 다이얼지〉라는 잡지에 〈패배하지 않는 자〉라는 작품을 투고했다가 편집장으로부터 "(이런 글 실력으로는) 당신은 절대로 작가가 될 수 없다"는 충고를 들었습니다.

10년째

〈알프스의 목가〉라는 작품을 〈뉴 매시드〉지에 투고했다가 거부당했습니다. 〈봄의 급류〉라는 작품을 리버라이트 출판사에 투고했다가 출판사 사장으로부터 "우리 출판사 직원들이 당신의 원고를 아주 나쁘고 승산 없는 원고라고 생각하기 때문에 출판할 수 없다"라는 말을 들었습니다.

이니셜 S

꿈을 실천에 옮긴 1년째

〈우주인〉이라는 잡지에 단편 소설을 투고했습니다. '다시 투고해 주시면 감사하겠습니다'는 거절 쪽지를 받았습니다. 〈행복 교환권〉이라는 소설을 써서 〈히치콕 미스터리 매거진〉에 투고했습니다. 역시 거절 쪽지를 받았습니다. (S는 이후로도 8년 동안이나 〈히치콕 미스터리 매거진〉에 원고를 투고하지만 전부 퇴짜를 맞게 됩니다.)

2년째

많은 작품을 써서 잡지사와 출판사에 보냈습니다. 그리고 전부 거절받았습니다. "귀하의 작품을 거절합니다"라는 통지를 받을 때마다 그 쪽지들을 대못에 박아서 글을 쓰는 책상 위에 붙여놓았습니다. 주위 사람들로부터 "왜 이런 쓰레기 같은 글을 쓰냐?"라는 비난을 받았습니다.

3년째

〈팬터지와 과학소설 F&T〉에 〈호랑이의 밤〉이라는 작품을 투고했습니다. 몇 주 뒤에 원고가 반송되어 왔습니다. 봉투에는 "우리 잡지에 맞지 않으니 다시 투고해 주십시오"라는 내용의 쪽지가 붙어 있었습니다.

4년째~7년째

엄청나게 많은 작품을 써서 잡지사와 출판사에 보냈습니다. 그리고 엄청나게 많은 거절 통지를 받았습니다. 책상 위에 붙여 둔 대못이 거절 쪽지들의 무게를 감당하지 못해 더 큰못으로 바꾸는 일을 몇 차례나 했습니다.

8년째

공업용 재봉틀이 굉음을 내며 돌아가는 직물 공장에서 일했습니다. 손가락이 기계 속으로 빨려 들어가는 일이 없기를 기도하면서 하루하루를 보냈습니다.

9년째~12년째

수많은 작품을 썼고 수많은 작품을 투고했지만 대부분 채택되지 못

했습니다. 그 와중에 몇몇 단편이 채택되어 잡지에 실리기도 했지만 별 주목을 받지 못했습니다. 작가로서의 그의 미래는 암울하다 못해 절망적이었습니다.

13년째

잡지사에 세 편의 소설이 팔렸습니다. 그러나 잡지사가 그에게 지불한 원고료는 세 편 모두 합쳐 겨우 25만 원 정도였습니다. 그는 간신히 생활보호대상자 신세를 면하고 있었습니다.

14년째

해변가 식당의 식탁보와 병원 침대보를 전문적으로 빠는 세탁소에서 일했습니다. 음식물이 썩어서 구더기가 들끓는 식탁보와 피가 잔뜩 묻어 있는 침대보를 빠는 대가로 그는 시간당 1,500원 정도를 받았습니다.

15년째

'이건 사람이 사는 게 아니야, 이건 사람이 사는 게 아니야.' 세탁기 안으로 빨래를 집어넣을 때마다 물 속에서 튀어나와 몸에 달라붙는 구더기들을 떼어내면서 그는 고개를 젓고 또 저었습니다. 여전히 많은 글을 썼지만 그의 글을 사겠다고 나타난 출판사는 저질 잡지를 출판하는 삼류 출판사들이 전부였습니다.

이니셜 H는 "무기여 잘 있거라" "노인과 바다"를 쓴 무명 시절의 헤밍웨이고, 이니셜 S는 "쇼생크 탈출" "미저리"를 쓴 무명 시절의 스티븐 킹입니다.

많은 사람들이 "헤밍웨이!" 하면 "아, 노벨문학상을 받은 20세기의 천재 작가!" "스티븐 킹!" 하면 "아, 공포 소설의 귀재라는 사람!"이라는 식으로 간단하게 생각해 버립니다. 무의식 중에 '그 사람들은 원래 천재야. 나하고는 질적으로 다른 사람들이지' 라는 식의 판단을 내리고 있는 것입니다.

그러나 그 판단이 옳은 것일까요? 과정은 전혀 보지 않고 결과만 보고 내린 경솔한 판단은 아닐까요?

헤밍웨이는 여자 친구로부터 버림받아 신경쇠약에 걸렸을 때도 미친듯이 글을 썼고, 시카고의 빈민굴에서 생활할 때도 그랬으며, 공원의 비둘기를 잡아먹으며 살았을 때도 변함없이 미친 사람처럼 글을 썼다고 합니다.

후일 생애 가장 쓰라린 사건이었다고 말한 원고 분실 사건이 일어났을 때도 "이 정도로 포기할 작가의 꿈이 아니다"며 광적으로 타자기를 두들겨댔고, 10여 년에 걸쳐 출판사들과 잡지사들로부터 그토록 많은 절망적인 평가와 거절을 받았을 때도 단 한 번도 실망하지 않고 매일같이 몸을 혹사시켜 가며 글을 썼다고 합니다.

스티븐 킹 역시 15여 년에 이르는 무명 시절 동안 하루도 빠짐없이 온 몸이 녹초가 될 정도로 힘들게 글을 썼다고 합니다. 직물 공장에서 일할 때도, 건물 경비원으로 일할 때도, 교사로 일할 때도 밤이 되면 죽을 힘을 다해 글을 썼고, 세탁소에서 일할 때는 점심시간에 사장의 눈을 피해 어린이용 책상을 놓고 쪼그리고 앉아서 글을 썼다고 합니다. 그리고 후일 교통사고를 당해 골반 뼈가 부서진 상황에서도 재앙에 가까운 신체적 고통을 참으며 글을 썼다고 합니다.

오늘날 헤밍웨이와 스티븐 킹은 천재 작가라는 일컬음을 받는 사람들입니다. 그러나 처음에 그들이 작가의 꿈을 세웠을 때 그들은 천재 작가는커녕 유망한 작가 축에도 못 끼었습니다. 아니 냉정하게 말해서 이 두 사람은 작가로서 성공할 가망조차 보이지 않았습니다. 같은 시기에 글쓰기를 시작한 또래 작가들이 각종 문학상을 휩쓸고, 베스트셀러 작가가 되고, 그들의 작품이 전 세계로 번역되어져 나갈 때 헤밍웨이와 스티븐 킹은 빈민가에서 십 년 넘게 '무명의 설움'을 톡톡히 맛보며 누구도 인정해 주지 않는 글쓰기를 해야 했습니다.

그러나 그들은 이루어질 때까지 밀고 나가면 꿈은 반드시 이루어진다는 것을 믿었고, 마침내 그 믿음을 보답받았습니다.

당신이 꿈을 가진 사람이라면, 가진 것이 비록 계란뿐일지라도 세상이라는 바위를 향해 그 계란을 끝까지 던지십시오. 그러면 바위는 반드시 깨집니다.

당신이 가진 계란은 바로 당신 자신입니다.

이 사람들보다 더 불리합니까?

휠체어 소년과 한쪽 팔이 없는 남자

몇 년째 휠체어에서 생활하는 소년이 있습니다. 아주 어렸을 적에 소아마비에 걸렸기 때문입니다.

그런데 이 소년이 가져서는 안 될 꿈을 갖고 말았습니다. 우연히 체육관에 들렀다가 높이뛰기 연습을 하는 선수들을 보고 "멋지다. 나도 저런 사람이 되고 싶다"라는 소망을 갖게 된 것입니다.

"이 안타까운 친구야! 먼저 자네 병이나 나은 다음에 그런 생각을 해야지. 운동선수는 사지가 멀쩡한 사람들도 되기 힘든데……"라고 말하는 사람들에게 큰소리로 "난 믿어요. 꿈은 반드시 이루어진다는 것을요. 그러니 지켜봐 주세요"라고 대답하곤 하던 이 소년은 드디어 오늘 아침 체육관 문을 두드렸습니다.

한쪽 팔이 없는 사람이 있습니다.
그런데 이 사람이 막무가내입니다. 축구 선수, 그것도 세계적인 선수가 되겠다며 그라운드에서 셔츠를 땀에 흠뻑 적셔 가며 매일 공을 차고 있습니다.
그 광경을 지켜보는 사람들마다 기가 막힌다는 듯한 표정을 하고 이렇게 충고합니다.
"이봐요, 외팔이 아저씨, 정신 좀 차려요! 당신은 절대로 축구 선수가 될 수 없어요!"
그런 말을 들을 때마다 이 사람은 어깨를 한 번 으쓱한 뒤 이렇게 대답하고는 다시 공을 쫓아 그라운드를 질주합니다.
"저런! 당신들은 하나만 알고 둘은 모르고 있군요! 잘 생각해 보세요. 난 팔 하나가 없어요. 그러니 난 그만큼 가볍고 그만큼 빨리 달릴 수 있죠. 내 몸은 엄청난 축구 경쟁력을 갖고 있는 거라구요. 세계적인 선수가 되는 것은 그야말로 시간문제일 뿐이랍니다."

소아마비 장애인과 근육마비 청년

소아마비 장애인이 있습니다.

이 사람의 오른쪽 다리는 왼쪽 다리보다 6cm나 짧습니다. 거기다 바깥쪽으로 휘어져 있습니다. 왼쪽 다리도 정상이 아닙니다. 안으로 묘하게 굽어져 있습니다. 한마디로 보호 장비 없이는 걷기도 힘든 상태입니다.

그런데 이 사람이 의학적으로나 상식적으로 확률 0.1%도 안 되는 꿈을 세웠습니다. 월드컵 국가대표선수가 되겠다는 꿈을 세운 것입니다.

오늘도 불편한 몸을 이끌고 축구장으로 향한 이 사람은 연습을 하기에 앞서 자신의 신념을 마음 속으로 조용히 되뇌었습니다.

"0.1%를 쌓고 또 쌓으면 언젠가는 100%, 200%가 된다. 자, 그러니 부정적인 생각일랑 버리고 연습 또 연습을 하자."

얼굴 근육이 마비된 채로 태어나 말을 제대로 못하는 청년이 있습니다. 게다가 한쪽 귀마저 멀었습니다.

그런데 이 청년의 꿈이 말로 벌어먹고 산다는 정치가가 되는 것이랍니다.

지역 주민들의 동정표를 기대할 수 있는 지역 의원을 말하는 것이 아닙니다. 한 나라의 총리가 되겠다고 말하고 있습니다.

"도대체 선거 유세는 어떻게 할 생각입니까? 사람들의 편견은 어떻게 극복하지요? 반대파 사람들의 인신공격이 만만치 않을 텐데 대비책은 있습니까?"라고 묻는 사람들에게 대답 대신 활짝 웃는 얼굴로 응답한 이 청년은 오늘 총리로 향하는 첫 관문인 국회의원에 입후보했습니다.

반식물인간 대학생과 귀머거리 소녀

왼쪽 손가락 두 개와 얼굴 근육 일부분밖에 움직일 수 없는 대학생이 있습니다. 몇 달 전 루 게릭병이라는 희귀병에 걸려 반식물인간이 된 이 대학생은 남은 평생을 휠체어에서 살아가야 합니다. 잘못하면 1, 2년 사이에 죽을 수도 있다는 판정까지 받았습니다.

갑자기 닥쳐온 지옥 같은 불행 앞에서 그러나 이 대학생은 웃으면서 생활하고 있습니다.

"내 몸은 매일 빠르게 죽어가고 있지만 나에게는 꿈이 있습니다. 박사 학위를 따고 대학교수가 되겠다는 꿈이 있기에 나에게는 희망이 있습니다"라고 말하며 주위 사람들의 도움을 받아가며 공부에 매진하고 있습니다.

타악기를 너무나도 사랑하는 한 소녀가 있습니다. 당연히 이 소녀의 꿈은 타악기 연주가가 되는 것입니다.

그런데 이 소녀는 죽었다 깨나도 타악기 연주자가 될 수 없는 환경에 처해 있습니다. 귀머거리이기 때문입니다.

모든 음악 분야가 그렇지만 특히 타악기 연주는 극도로 섬세한 청력이 있어야 가능한 것입니다. 여러 가지 종류의 북과 각종 건반 악기,

거기다 특수 타악기까지 무려 오십여 종이 넘는 악기들을 한꺼번에 다룰 수 있어야 하기 때문입니다.

너무나도 명백해 보이는 불가능 앞에서 그러나 이 소녀는 두 눈을 반짝이며 이렇게 말하고 있습니다.

"뜻이 있는 곳에 길이 있다고 했어. 내 모든 것을 걸고 꿈을 향해 나가자. 그러면 언젠가는 문이 활짝 열릴 거야. 반드시 그럴 거야."

두 다리가 으스러진 남자와 장님에 준하는 여자

등산을 하다 사고를 당해 두 다리와 골반이 완전히 으스러진 사람이 있습니다.

호주 동부에 위치한 힌친부르크산을 오르다 1톤이 넘는 바위에 깔려 무려 이틀 동안이나 짓눌려 있었기 때문입니다.

생사를 오가는 대수술 끝에 기적적으로 살아난 이 사람은 퇴원하자마자 강도 높은 재활 훈련에 들어갔습니다.

두 다리가 모두 절단되었기 때문에 겨우 1m를 이동하는데도 땀이 비 오듯 쏟아지고 숨이 턱까지 차오릅니다.

왜 굳이 이런 힘든 재활 훈련을 택했느냐고 묻자 기가 막히는 대답이 돌아옵니다. 수술을 받는 동안 아프리카 최고봉인 킬리만자로를 정복하고야 말겠다는 꿈을 세웠기 때문이랍니다.

휠체어 회사도 고민하고 있습니다. 며칠 전 이 사람이 등산용 휠체어를 주문했는데 어떻게 제작해야 할지 도무지 감이 서질 않기 때문입니다.

아홉 살 때부터 망막 퇴행성 질환을 앓아 온 여자가 있습니다. 이 여자는 누가 말해주지 않으면 장애물도 피할 수 없고 물건조차 집을 수 없습니다. 한마디로 거의 장님이나 다름없는 상태입니다.

그런데 이 여자의 꿈이 마라톤 선수가 되는 것이랍니다. 장애인 경기를 말하는 것이 아닙니다. 전 세계 마라톤 스타들이 대거 참가하는 국제 마라톤 대회를 말하고 있습니다.

"보지 못하는 것이 장애가 아니다. 할 수 없다고 생각하는 것이 진정한 장애다"라는 말을 굳게 믿고 있는 이 여자는 지금 육상 코치를 구하러 다니고 있습니다.

이 사람들을 어떻게 생각하십니까?
이루어질 수 없는 조건을 완벽하게 갖춘 이 사람들의 '꿈'에 대해서 이떻게 생각하십니까?
놀랍게도 이 사람들의 '꿈'은 전부 이루어졌습니다.

금메달리스트와 월드컵 우승선수

1900년 파리 올림픽에서는 믿기 어려운 일이 벌어졌습니다. 높이뛰기 경기장에 휠체어를 탄 선수가 입장하더니 곧바로 경기에 출전, 금메달을 목에 걸었기 때문입니다.

더 놀라운 일은 그 다음에 벌어졌습니다. 레이 유리라는 이름의 이 선수가 높이뛰기에 이어 넓이뛰기, 세단뛰기에도 출전하더니 이 두 종목에서도 금메달을 땄기 때문입니다.

휠체어 위에 앉아서 꾸었던 꿈이 현실이 되는 순간이었습니다.

레이 유리는 이후 3회의 올림픽에 더 출전했고 거기서 총 7개의 금메달을 땄습니다.

현재 그는 올림픽 역사상 가장 많은 금메달을 획득한 선수로 기억되고 있습니다.

1930년 제1회 FIFA 월드컵 대회 결승전, 매우 불안정한 포즈로 마치 광대 춤을 추듯 좌우로 기우뚱거리며 그라운드를 내달리던 한 선수의 발에 공이 걸렸습니다. 공은 이내 역전 결승골로 연결되었고 이 골로 말미암아 우루과이는 제1회 월드컵 우승 국가가 되었습니다.

역전골을 성공시킨 영광의 주인공은 카스트로. 태어날 때부터 오른팔이 없었던 사람이었습니다.

국가대표 축구선수와 총리

1962년 칠레 월드컵 브라질 대 칠레의 준결승전, 축구 황제 펠레가 부상을 당해 벤치에 앉아 있는 가운데 한 선수가 잔디 구장을 나는 듯이 달려서 연속적으로 두 골을 성공시키자 경기장은 관중들의 전율 섞인 함성으로 달아올랐습니다.

브라질에 우승을 안겨 준 두 골의 주인공은 소아마비에 걸린, 달리는 모습마저 위태해 보이는 가린샤라는 선수였기 때문이었습니다.

보호 장비 없이는 걷기도 어렵다는 판정을 받았던 가린샤는 열일곱 살에 국가 대표 축구 선수가 되었고, 총 3회의 월드컵 대회에 참가하여 우승했으며 선수 생활 11년 동안 54경기에 출전하여 34골을 득점했습니다.

1963년 캐나다 퀘벡주, 한 젊은이가 눈에 뜨거운 물줄기를 가득 담은 채 지지자들의 손을 일일이 맞잡으며 당선사례를 하고 있었습니다.
 스물아홉 살인 이 청년의 이름은 장 크레티앙, 언어 장애가 있음에도 불구하고 "내 꿈은 정치가가 되는 것입니다"라고 말하며 국회의원에 입후보했던 바로 그 청년이었습니다.
 "정치 경력도 없고 거기다 언어 장애까지 있는 사람이 국회에 나가서 대체 뭘 할 수 있겠습니까?"라는 반대파들의 집요한 공격에도 아랑곳하지 않고 "여러분, 나는 말을 잘 못합니다. 그러나 거짓말은 하지 않습니다"라고 맞서며 선거 유세를 훌륭하게 치러 냈던 장 크레티앙은 그 뒤로도 16년간이나 정부 요직을 두루 거치며 유능한 정치가로 활동했고 부총리 자리까지 올랐습니다.
 1993년, 드디어 총리에 당선된 장 크레티앙은 그 이후로 세 번이나 총리에 당선되었습니다.

캠브리지 대학교 교수와 타악기 연주자

1977년 캠브리지 대학교, 강의를 마친 한 교수가 학생들의 경외심 어린 기립 박수를 받으며 교수실로 향했습니다.

교수의 이름은 스티븐 호킹, 14년 전 루 게릭병에 걸려 반 식물 인간이 되고서도 "나에게는 꿈이 있습니다"라고 말하던 바로 그 대학생이었습니다.

스티븐 호킹은 휠체어에 앉게 된 뒤 박사 학위를 땄고, 영국 학술원 최연소 회원이 되었으며 캠브리지 대학 중력 물리학 정교수가 되었습니다.

1990년대 후반 뉴욕 필하모니 오케스트라 연주회장, 각종 타악기들이 빼곡히 들어찬 중앙 무대를 중심으로 뉴욕 필하모니 연주단이 U자형으로 자리를 잡았습니다. 이윽고 맨발의 타악기 연주자와 뉴욕 필하모니의 협연이 이루어졌습니다.

뉴욕 필하모니는 천상의 선율을 뽐내기 시작했고 이에 맞춰 타악기 연주자가 무려 50여 종에 이르는 타악기를 두드려대기 시작했습니다.

타악기 연주자는 오케스트라 연주에 맞춰 북과 징을 쳤고 마림바와 비브라폰을 두드렸으며 심벌즈와 캐스터네츠를 쳤습니다.

한 곡 한 곡 연주가 끝날 때마다 관객들은 뜨거운 기립 박수로 화답했고 뉴욕 필하모니와 타악기 연주자는 더욱 신명나게 음악을 연주했습니다.

이날 공연을 성공리에 마친 타악기 연주자의 이름은 애블린 글레니, 20여 년 전, 소리를 들을 수 없음에도 불구하고 뜻이 있는 곳에 길이 있다고 믿으며 매일같이 타악기 연주실로 향했던 바로 그 귀머거리 소녀였습니다.

"귀로 소리를 들을 수 없기 때문에 몸으로 소리를 듣는 법을 터득했다"고 말하는 애블린 글레니는 삼십대 중반에 세계적인 타악기 연주자의 반열에 올랐고 10장 이상의 음반을 냈으며, 매년 120회 이상의 타악기 연주회를 갖고 있습니다.

킬리만자로 정복자와 마라톤 선수

2003년 2월 10일, 해발 5천8백95미터를 자랑하는 아프리카의 최고봉 킬리만자로 정상에서는 믿기 어려운 광경이 펼쳐지고 있었습니다.

두 팔이 없는 사람과 두 다리가 없는 사람이 서로 부둥켜안고 "드디어 정복했다"고 외치며 감격의 눈물을 흘리고 있었기 때문입니다.

6년 전 등산을 하다 바위에 깔려 두 다리를 절단한 호주인 워랜 맥도널드가 태어날 때부터 두 팔이 없었던 탄자니아인 하미시 루곤다를 데리고 킬리만자로에 오르기 시작한 지 정확히 2주만에 이루어진 일이었습니다.

97년 힌친브루크산을 오르다 불의의 사고를 당했던 워랜 맥도널드는 특수 제작된 휠체어를 타고 사고 후 10개월만에 호주 남부의 크래들산을 정복했습니다.

이어서 그는 태즈메니아 남서부의 페더레이션 봉에 올랐고 험준하기로 이름난 네팔 산악 지대를 8일 동안 등반했습니다.

그 기세를 몰아 킬리만자로 등반에 성공한 그는 소감을 묻는 기자들에게 이렇게 말했습니다.

"꿈은 이루어집니다. 오늘의 이 쾌거가 사람들이 꿈을 이루는데 용기를 주었으면 합니다."

2003년 4월 22일 '보스턴 마라톤 대회' 장, 세계 4대 마라톤 경기 중 하나로 불리는 이 날의 대회에서는 경기 내내 특이한 광경이 벌어졌습니다.

자전거를 탄 사람과 마라톤 선수, 이렇게 한 조를 이룬 두 사람이 서로 호흡을 맞춰 가면서 42.195km를 달렸기 때문입니다. 참가자 중 말라 러년이라는 선수가 앞을 못 보는 시각 장애인이었기 때문에 주최측에서 배려해 준 결과였습니다.

자전거를 타고 앞서 가는 도우미로부터 "곧 있으면 코너입니다" "왼쪽에 물통이 있습니다" 등의 구체적인 지시를 받아 가며 마라톤 풀코스를 완주한 말라 러년의 성적은 전체 참가자 중 5위(2시간 30분 28초)로 지난 10년간의 미국 여자 육상 경기 기록 중 가장 좋은 성적이었습니다.

아홉 살 때부터 앓아 온 시각 질환이 악화되어 열네 살 무렵에 거의 장님이 된 말라 러년은 92년 바르셀로나 페럴리픽 100m, 200m, 400m, 멀리 뛰기 부분에서 우승을 차지해 4관왕에 올랐고, 96년 애틀랜타 올림픽과 2000년 시드니 올림픽에 미국 국가대표로 출전했으며, 2001년 미국 실내 여자 육상 5,000m 경기에서는 1위에 올랐습니다.

당신이 할 수 없다고 생각하면 할 수 없게 되고, 할 수 있다고 생각하면 할 수 있게 됩니다.

당신이 '이것 때문에…… 나는 안 돼'라고 생각하는 것이 위의 여덟 사람이 처했던 조건보다 더 심하지만 않다면, 지금 바로 도전하십시오.

당신은 할 수 있습니다.

포기하지만 않으면 꿈은 이루어진다

처음 보는 음식의 맛을 알고 싶을 때 우리는 그 음식을 직접 먹어 본 사람의 말을 경청합니다. 그 음식에 손도 대보지 못한 사람의 말은 경청하지 않습니다.
어떤 사람에 대해 알고 싶을 때 우리는 그 사람을 직접 겪어 본 사람의 말을 듣습니다. 그 사람의 얼굴도 모르는 사람의 말은 듣지 않습니다.
세상에는 두 종류의 사람이 있습니다. '꿈'의 성취를 긍정하는 사람과 부정하는 사람. 전자는 실제로 꿈을 꾸고 그 꿈을 이룬 사람이고, 후자는 그렇지 못한 사람입니다.

안타깝게도 우리는 주변에서 '꿈'의 성취를 믿는 사람보다 믿지 않는 사람들을 더 많이 보게 됩니다.

"꿈은 반드시 이루어진다"라고 말하는 사람보다 "꿈은 꿈일 뿐이야"라고 말하는 사람을 더 많이 접하게 됩니다.

"나는 할 수 있어. 너도 할 수 있어. 우리는 할 수 있어"라고 말하는 사람보다 "나는 안 돼. 너라고 될 줄 알아? 우리는 전부 다 아니야"라고 말하는 사람을 더 많이 만나게 됩니다.

그래서 우리는 '꿈'을 갖기를 두려워하고, '꿈'이 생겨도 적극적으로 추구할 용기를 갖지 못하고, '꿈'을 가졌다가도 이내 포기하게 됩니다.

그러나 과연 부정적인 사람들의 의견이 옳은 걸까요?

'꿈'의 성취에 대해 부정적인 태도로 일관하는 사람들은 처음부터 "안 돼!"라고 쓰여진 검은색 안경을 쓰고 '꿈'을 바라보았기 때문에 그런 것이 아닐까요?

간절하게 '꿈'을 가져 본 적도, 끝까지 '꿈'을 믿어 본 적도, 자신의 모든 것을 걸고 '꿈'을 추구해 본 적도 없기 때문에 그런 것이 아닐까요?

'꿈'을 이룬 사람들은 그들과 전혀 다른 말을 하고 있습니다만…….

강영우

연세대학교 문과대학을 차석으로 졸업하고 미국 피츠버그 대학교에서 교육학 석사, 심리학 석사, 교육 전공 철학 박사 학위를 취득했습니다.

현재 미국 일리노이 대학교 교수, 인디애나 주정부 특수 교육 부장, 루즈벨트 재단 고문, 백악관 정책 차관보, 유엔 장애위원회 위원으로 활동하고 있습니다.

그는 시각 장애인의 몸으로 이 모든 일을 해냈습니다.

그는 이렇게 말했습니다.

"여러분, 나는 열세 살에 시력을 잃고 열여덟 살에 중학교 1학년부터 다시 시작해서 여기까지 왔습니다. 여러분, 절대로 포기하지 마십시오. 우리가 오르지 못할 산은 없습니다."

김태연

1985년, 40세의 나이로 세 아들을 데리고 버몬트를 떠나 캘리포니아로 향했습니다. 실리콘밸리를 주름잡고 미국 최대의 태권도 도장을 세우겠다는 '꿈'을 이루기 위해서였습니다.

겨우 85명의 수련생으로 시작한 태권도 도장 '정수원 아카데미'는 현재 미국 서부 최대의 태권도 도장으로 성장했고, 집을 팔아 마련한 사업 자금 6만불을 날리는 대실패로 시작한 컴퓨터 회사 '라이트 하우스'는 현재 미국에서 단일 회사로는 최고의 매출을 올리는 회사로 성장했습니다.

잇따른 사업실패로 끼니도 잇기 어려워 들에서 쑥을 뜯어다 먹고, 정육점에서 버리는 소뼈를 먹어야 했던 시절, 아들들마저 자신의 '꿈'에 회의 섞인 반응을 보이는, 더할 수 없이 아프고 힘든 순간이면 김태연은 목욕탕에 들어가 물을 최대로 크게 틀어 놓고 통곡하면서 이렇게 외쳤습니다.

'내가 가진 꿈이 1%고 주위 환경이 99%라고 해도 난 포기하지 않아. 언젠가는 이 1%의 꿈이 99%의 환경으로 변하게 될 테니까. 내가 그렇게 만들고 말 테니까. 그도 할 수 있고 그녀도 할 수 있는데 나라고 왜 못해!'

윤생진

스물여덟 살의 나이로 전남 곡성에 위치한 금호타이어 공장에 취직했습니다. 거기서 그는 하루종일 등을 구부리고 앉아 타이어 고무를 붙이고 잘라내는 일을 했습니다.

1999년 12월 31일, 윤생진은 금호그룹 부장에서 상무이사로 승진했습니다. 대한민국 30대 그룹 중, 고졸 생산직 근로자에서 출발해 부장

이상으로 승진한 사람은 윤생진 한 사람밖에 없습니다. 그는 현재 조선대학교 교수로도 활동하고 있습니다.

1978년 입사 면접 시험 때, 그는 이렇게 말했습니다.

"제 '꿈'은 금호타이어 부장이 되는 것입니다."

"이보시오. 고졸 출신은 기껏해야 '반장' 밖에 못 올라가. 부장은 서울대 출신도 되기 힘들다고"라고 말하는 사람들에게 그는 18년 동안 이렇게 대답했습니다.

"저는 매일 부장학을 공부하고 있습니다. 제 '꿈'은 부장이 되는 것입니다. 저는 반드시 되고 말 것입니다."

박숙경

중학교를 중퇴하고 미용실에서 하루종일 손님들의 머리를 감기고, 미용실 바닥을 쓰는 미용 보조로 사회생활을 시작했습니다.

현재 그녀는 영국 런던에서 자신의 이름을 딴 '세시 헤어'를 운영하고 있습니다. 그녀는 영국 킹스턴 대학의 교수로 일하고 있으며 세계 최초의 사이버 미용 대학인 I.B.C의 학장이기도 합니다.

그녀는 이렇게 말했습니다.

"나는 '밥'을 먹고 살지 않았습니다. 나는 '꿈'을 먹고 살았습니다. 포기하지 말고 끝까지 도전하십시오. 그러면 '꿈'은 이루어집니다."

박승철

1981년, 월급 2만 원짜리 미용 보조로 미용 일을 시작했습니다. 그러나 미용실마다 한 달을 못 채우고 쫓겨나는 기록을 세웠습니다. 한쪽 다리를 저는 장애인이었던 관계로 일하는 속도가 남들보다 느리고 손님들에게 좋지 않은 인상을 심어 준다는 이유 때문이었습니다. 미용실에서 쫓겨날 때마다 그는 이렇게 다짐했습니다.

'언젠가는 전국 방방곡곡에 내 이름을 건 미용실을 세우고야 말겠다.'

현재 그는 '박승철 헤어 스튜디오' 원장으로 있습니다. 그의 헤어 스튜디오는 전국적으로 백 개가 넘는 가맹점을 거느리고 있고 중국에도 진출해 있습니다.

그는 이렇게 말했습니다.

"'꿈'을 끝까지 놓치지 않았습니다. 손님은 없고 빚만 눈덩이처럼 불어날 때도, 뒤늦게 시작한 경쟁업체들이 앞서 나가고 있을 때도 나는 '꿈'을 절대로 놓지 않았습니다."

오대규

서강대학교에 수석 입학했고 수석 졸업했습니다. 대학생 시절 '주식도사'로 이름을 날리며 10억 원 규모의 사설 펀드를 운영했습니다. AIG 생명에 입사해 6개월만에 최연소 팀장이 되었고 연속 영업실적 1위를 기록했습니다. 스물아홉 살에 유망 벤처기업 '노리넷'의 최고 경영자가 되었습니다.

그는 한쪽 다리를 심하게 절고 한쪽 팔을 쓰지 못합니다. 더구나 뇌 한쪽이 죽어 있는 뇌성마비 장애인이기도 합니다.

그는 5수 끝에 대학생이 되었고, 50군데의 회사에서 퇴짜를 맞은 후

취직했으며, 40군데가 넘는 투자사로부터 거절을 받은 뒤에 노리넷을 설립했습니다.

그는 이렇게 말했습니다.

"계란으로 계속 치면…… 바위는 깨집니다."

짐 애보트

열한 살 때부터 프로야구 선수를 꿈꾸었습니다. 99년 밀워키를 끝으로 은퇴할 때까지 그는 다음과 같은 기록을 세웠습니다.

88년 서울 올림픽 시범 경기 결승전에서 일본을 5-3으로 제압하고 금메달을 따는 데 결정적인 역할을 했습니다. 이 공로로 그는 미국 최고의 아마추어 운동 선수에게 수여되는 설리번 상을 수상했습니다.

메이저리그 사상 열여섯 번째로 마이너리그를 거치지 않고 메이저리그로 직행했습니다.

1993년 양키 스타디움에서 벌어진 클리블랜드 인디언스 전에서 투수 최고의 영예인 노히트 노런을 기록했습니다.

메이저리그에서 10년 동안 평균 시속 150Km의 강속구를 던지는 A급 투수로 활약하면서 통산 87승을 거두었습니다.

그는 이 모든 일을 왼팔 하나로 해냈습니다. 태어날 때부터 오른팔이 없었기 때문입니다. 그는 이렇게 말했습니다.

"야구장을 향할 때마다 나는 내 팔을 보지 않았습니다. 나는 내 '꿈'을 보았습니다."

우리 시대에, 불가능해 보이는 '꿈'을 꾸고 그 '꿈'을 이루어낸 사람들의 수를 바다에 비유한다면 위의 일곱 사람은 그 바다를 구성하는 물방울 하나에 지나지 않습니다.

우리와 동시대를 살아가고 있는, '꿈'을 이룬 사람들이 세상에 전하는 메시지를 한 문장으로 요약한다면, "어떤 조건하에서도 포기하지만 않는다면 '꿈'은 이루어진다"는 것입니다. 꿈을 갖고 그것을 계속 추구할 용기만 갖는다면 누구라도 자신들과 똑같은 일을 할 수 있다는 것입니다.

사람은 누구나 가슴 속에 자신이 되고 싶은 이상의 모습을 지니고 있습니다. 그 이상의 모습은 자신이 처한 현실과는 어처구니가 없을 정도로 큰 차이가 나는 경우가 대부분이기 때문에 사람들은 보통 그것을 꼭꼭 눌러두고 삽니다. 그러나 아무리 누르고 또 눌러도 그것은 절대로 눌리지 않습니다. 그것은 언제나 우리 마음 속 가장 높은 곳으로 튀어 오릅니다.

그와 같은 꿈의 영상이 우리 안에 마치 목숨처럼 존재하는 이유는, 우리의 무의식이 다음 사실을 알고 있기 때문입니다. 그것이 무엇이든 사람에게는 자신이 꾸는 꿈을 이룰 수 있는 충분한 능력이 있다는 것입니다.

마음 속에 존재하는 꿈의 세계를 인정하고 그것을 삶의 목표로 정하고 온 마음과 온 영혼을 다해 그 꿈을 추구하십시오.

꿈은 반드시 이루어집니다.

꿈의 칼로 세상의 심장을 찔러라

태국 사람들은 야생 코끼리를 길들일 때 밧줄을 씁니다. 밧줄의 한쪽 끝은 코끼리의 발목에 묶고 다른 쪽 끝은 나무에 묶어 놓습니다. 처음에 코끼리는 밧줄을 끊기 위해 온갖 몸부림을 칩니다. 그러나 점점 체념하게 되고 나중에는 밧줄을 풀어놓아도 밀림으로 돌아가지 않게 됩니다. 밀림의 꿈을 잃어버린 코끼리는 죽는 날까지 한 마리의 가축으로 살아가게 됩니다.
세상이, 무한한 가능성으로 충만한 한 인간을 길들이는 데는 많은 것이 필요치 않습니다. 현실이라는 밧줄 하나면 충분합니다. 가난, 빚, 열등감, 실패…… 라는. 인간은 오직 '꿈'이라는 도구로 이 밧줄을 끊을 수 있습니다.

죽자, 죽어버리자

'이렇게 살다 어른이 되면 뭘 하나? 살아봤자 고생만 되고 형제들한테 도움도 하나 안 되고 나아지는 것 없이 나중엔 추잡한 어른이 되고 말 것인데……. 죽자, 차라리 죽어 버리자.'

1948년 서울, 가난에 절망한 한 소년이 독약을 탄 물을 손가락으로 휘젓고 있었습니다.

……후일 이 소년은 자장면 하나로 30억 원을 번(2000년 기준), 세계에서 제일 큰 중국집 '하림각' 회장이 됩니다.

이 빚을 언제 다 갚습니까!

'이 빚을 언제 다 갚습니까. 하나님, 오늘도 어머니는 사방으로 돈을 빌리러 다녔고, 저는 전화통을 붙잡고 빚쟁이들에게 기한을 하루만 연기해 달라고 통사정을 했습니다. 이렇게 빚쟁이들에게 시달린 날이면 저의 몸과 마음은 부서질 듯 아파옵니다. 밤에도 쉬이 잠들지 못하고 잠들었다가도 헛소리를 하며 깨어나기 일쑤입니다. 하나님, 차라리 저를 데려가 주십시오. 영원히 잠들게 해주십시오.'

1959년 청주, 회사 설립자인 아버지의 명을 받들어 충북 제도회사에 총무과장으로 입사한 김동수는, 직원들의 월급을 3개월이나 연체한 상황에서 회사 매출액의 40%를 사채 이자를 갚는 데 지출하면서, 이 세상을 이만 하직하게 해달라고 매일 밤 하나님께 빌고 있었습니다.

……15년 뒤, 그는 300개나 되는 사채 카드를 완전히 정리하고 국민

은행 상도동 지점에 100만 원이 예금된 보통예금 통장 하나를 만들게 됩니다. 이 통장은 후일 한해 매출액(2001년 기준) 750억 원에 순이익 77억 원이 들어오는 통장으로 변하게 되고, 충북 제도회사는 미 식품의약국(FDA) '생체 무공해 위생 식기' 승인을 받은 국내 최초의 도자기 회사, '국제 도자기 쇼'에서 세계 최고의 판매 계약고를 올린 회사, 세계 5대 도자기 메이커 회사인 한국 도자기로 성장하게 됩니다.

야, 임마, 당장 나가!

"야 임마, 병원 응급실이 술 취해서 잠자는 곳인 줄 알아? 당장 나가!"
 1990년 서울, 초라한 행색의 한 젊은이가 의사의 호통 소리를 뒤로한 채 쫓기듯 병원 문을 나서고 있었습니다.
 아이큐 113에 고3 학년말 성적이 반에서 50등, 왜 공부를 해야 하는지, 왜 대학이란 데를 가야 하는지를 알 수 없어, 학교를 때려치우고 포크레인 기사 조수, 신문 보급소 총무, 성인 오락실 홀맨, 물수건 배달 기사 같은 밑바닥 직업을 전전하면서 밤이면 술 취한 폭주족으로 변해 서울 시내를 종횡무진 하던 이 청년은 5년 뒤, 서울대학교 법과대학에 전체 수석으로 입학하게 됩니다.

차라리 폐인이 되자

'이렇게 내 마음을 몰라주는 사람들을 가족이라고 여기고 살아왔다니! 이 사람들은 아무래도 내가 폐인이 되어야 정신을 차릴 모양이다. 이젠 정말 지쳤다. 아예 의절을 하고 싶다. 내 평생에 이토록 깊은 상처를 안겨 준 사람은 다름 아닌 나의 가족이었다. 이것이 나의 가장 큰 불행이다.'

 2001년 2월, 한 청년이 서울의 스산한 밤거리를 하염없이 걸으면서 '어떻게 하면 폐인이 되어 부모님께 고통을 안겨 줄 수 있을까?'를 고민하고 또 고민하고 있었습니다. 무려 8년간이나 계속된 부모님의 "너는 안 된다. 그만 작가의 꿈을 버려라"라는 부정적인 말에 지칠 대로 지쳐 있었기 때문입니다. 그로부터 2년이 지난 지금, 이 청년은 부모님의 살을 받아 태어난 것을 인생 최고의 행운으로 여기고 있습니다.

꿈의 칼로 세상의 심장을 찔러라

 이 사람들은 자기 발목을 얽맨 밧줄을 마침내 끊어 버린 사람들입니다. 가난이라는 밧줄, 빚더미라는 밧줄, 삼류 인생이라는 밧줄, 부정적인 인간관계라는 밧줄을 시원하게 잘라 버린 사람들입니다. 이 사람들을 자유롭게 한 것은 세상에 존재하는 어떤 칼이 아니었습니다. 그들의 마음 속에 있던 칼이었습니다. '꿈'이라는 이름의…….

 가족들이 굶어 죽어 나가는 꼴을 보다 못해 무작정 상경했지만 성공은커녕 판잣집 하나 마련하지 못하고 창신동 산비탈에 굴을 파고 살았던 가난한 소년 남상해는 자살 직전에 자신의 꿈을 떠올렸습니다. 어떤 한 분야에서 세계 최고가 되어 있는 자신의 모습이 그려진 그 '꿈'

이 눈앞에서 아른거렸기 때문에 소년 남상해는 독약이 든 그릇을 팽개쳐 버리고 새로운 인생을 시작할 수 있었습니다.

충북 제도회사 총무과장 김동수는 사채 업자들의 지옥 같은 빚 독촉 속에서도 "무슨 일이 있어도 이 빚을 다 갚고야 말겠다." "반드시 한국 최고의 물건을 만들고야 말겠다"던 입사 초기의 꿈을 가슴에 새기고 또 새겼습니다. 이 꿈이 있었기에 그는 부도를 내고 잠적하거나 죽어 버리는 대신 회사를 끝까지 지켜낼 수 있었습니다.

불량스런 친구들과 술 마시고 오토바이 폭주하는 것을 유일한 낙으로 삼고 살다가 병원 응급실까지 실려 갔던, 가망 없던 청년 장승수는 방황과 회의로 점철된 하루하루를 살면서도 무의식 세계가 선명하게 그려내는, 일류 대학생이 된 자신의 모습을 떨쳐 버릴 수 없었기에 마침내 술병 대신 책을 잡게 되었습니다.

서울의 스산한 밤거리를 헤매며 인생 파탄적인 삶과 부모님과의 의절을 계획했던 한 청년은 아침이 뿌옇게 밝아 올 무렵, 작가의 길을 가겠다고 했다가 부모님의 꾸중을 처음으로 들었던 날 세웠던, 작가의 길을 뜨겁게 인정해 주고 지지해 주는 부모님을 만나는 꿈을 떠올릴 수 있었기에 다시 희망에 가득 찬 얼굴이 되어 집으로 돌아갈 수 있었습니다.

물론 꿈을 가졌다고 해서, 인생의 벼랑 끝에서 꿈을 기억했다고 해서, 이 사람들의 삶이 마술처럼 순식간에 풀렸던 것은 아닙니다.

남상해가 중국 음식점 분야에서 세계 최고가 되기까지는 무려 40여 년, 김동수가 빚을 다 갚기까지는 15년, 장승수가 서울대에 수석 합격하기까지는 5년, 한 청년이 부모님의 인정을 받기까지는 10년이라는 세월이 걸렸습니다.

그리고 그 세월은 만만한 시간이 아니었습니다.

매순간 자신을 채찍질하며 나가야 했던 자기 극복의 나날이었습니다.

발목에 묶인 현실이라는 밧줄로 인해 엎어지고 넘어져야 했던 시련의 날들이었습니다.

그러나 이 사람들은 포기하지 않고 끝까지 앞으로 나갔습니다.

비록 사방은 날카로운 가시덤불로 꽉 막혀 있었지만 그들 스스로가 길이 되어 나아갔습니다.

그리고 마침내 부정적인 현실로부터 자유롭게 되었습니다.

이 사람들의 손에는 한결같이 '꿈'이라는 지도가 들려 있었습니다.

외치십시오, '나는 할 수 있다!'

여러분, 대장간에서 아무렇게 나뒹굴고 있는 쇠막대기로 말발굽을 만들면 그 가치가 두 배로 상승합니다. 바늘을 만들면 67배, 면도날을 만들면 657배, 고급 시계에 들어가는 스프링을 만들면 5만 배가 상승합니다.
– 콘래드 힐튼

You have a dream!

호텔왕 콘래드 힐튼은 호텔 벨보이에서 시작해 남극 대륙을 제외한 세계 각지에 250여 개에 이르는 힐튼 호텔을 세운 사람입니다.

그가 한창 호텔을 늘려 가던 때의 일입니다. 어느 날 그의 아들들이 다음과 질문을 던졌습니다.

"아버지, 아버지는 무일푼으로 시작해서 세계적인 호텔 재벌이 되었습니다. 대체 아버지의 무엇이 그런 일을 가능하게 한 거죠?"

힐튼이 대답했습니다.

"노력! 끝을 모르는 노력! 그것 하나뿐이란다."

그러자 장남이 못마땅한 표정으로 대꾸했습니다.

"아버지, 물론 노력이 중요하긴 하지만 그것만으로는 아버지 같은 일을 할 수는 없어요. 아버지 회사만 해도 아버지보다 더 열심히 일하는 직원들이 얼마나 많은데요."

정곡을 찌르는 아들의 말에 다소 머쓱해진 힐튼은 말을 슬쩍 바꾸었습니다.

"그래, 다시 생각해 보니 노력에 덧붙여진 나의 재능이었어. 만약 나에게 호텔을 운영하는 재능이 없었다면 이런 성취를 이룰 수 없었겠지."

그러자 이번에는 차남이 끼어들었습니다.

"보세요. 아버지, 아버지 호텔에서 일정 직위에 오른 사람 치고 아버지만 한 재능을 갖지 못한 사람은 한 사람도 없다구요."

아버지로부터 만족할 만한 대답을 얻지 못한 두 아들의 입이 한껏 뽀루퉁해지자 힐튼은 그제서야 씨익 웃으면서 이렇게 말했습니다.

"You have a dream! 꿈을 가져야 한단다, 애들아. 사람들은 보통 노력과 재능이 성공의 절대 비결인 줄 알고 있지. 그러나 그것은 기본에 불과한 것이란다.

꿈이 없는 노력과 재능이란 가장 열심히, 가장 빠르게 도는 쳇바퀴라고나 할까.

38센트의 봉급을 받던 벨보이 시절, 나는 세계에서 제일 큰 호텔 사진을 벽에 붙여놓고, 하루에도 수십 차례씩, "나는 할 수 있다"라고 외치면서, 그 호텔의 주인이 되어 있는 나를 강렬하게 꿈꾸곤 했단다.

그때 내 주위에는 나보다 더 열심히 일하고 나보다 더 뛰어난 재능을 가진 사람들이 많았지. 하지만 나처럼 강렬하게 꿈을 가졌던 사람은 한 사람도 없었단다. 애들아, 이 한 가지를 꼭 기억하렴.

지금도 여전히 호텔직원으로 머물러 있는 그 사람들과 호텔왕으로 성장한 나 사이에는 '꿈이 있느냐, 없느냐', 그 차이밖에 없었단다."

외치십시오, "나는 할 수 있다!"

사람은 가슴 속에 별을 가질 수 있는 유일한 존재입니다. 꿈이라는 별을 갖지 못한 사람은 아무리 높이 뛰어도 땅을 벗어날 수 없습니다. 그러나 별을 가진 사람은 하늘로 날아갈 수 있습니다.

콘래드 힐튼은 이 사실을 아주 잘 알았던 사람입니다. 그래서 그는 살아 생전 "성공의 크기는 꿈의 크기에 비례한다." "꿈을 크게 가져라. 그러면 언젠가는 그 꿈을 이룰 수 있는 능력 또한 갖게 된다"는 말을 입버릇처럼 하곤 했습니다.

비단 힐튼의 경우만이 아닙니다. 인류 역사는 꿈의 힘으로 자신을 무한히 성장시킨 사람들의 이야기로 가득합니다.

동네 불량배들의 바지가랑이 밑을 기어가야 했던 사람이 역사에 남는 대제국의 주인이 되고, 여자 친구에게 버림받고 울먹이며 다녔던 사람이 노예를 해방하는 대통령이 되고, 음악 선생님으로부터 "너는 도무지 성악가로서의 자질이 없다"고 평가받았던 학생이 세계를 주름잡는 오페라 가수가 되고, "돈이 없는 게 이렇게 비참한 것이냐!"며 절규하던 이혼녀가 국제적인 기업가로 변신하고, '세상사는 게 무섭고 힘들다'며 자살을 시도했던 사람이 세상에 희망을 던져 주는 사람으로 변화하고…….

오늘날에도 각종 매체를 통해 소개되는, 도저히 불가능해 보이는 현실을 뒤집고 극적인 성취를 거둔 사람들의 이야기를 들어보면, 그들은 하나같이 '꿈'이라는 이름의 연료를 태우면서 거기까지 날아왔음을 알 수 있습니다.

이처럼 '꿈'이, 사람으로 하여금 천 배 만 배 성장하게 하는 까닭은, 꿈이라는 생물은 '안 된다' '할 수 없다' 라는 말을 도무지 모르기 때문입니다.

그것이 무엇이건 '된다' '할 수 있다' 라고 말하면서 끝까지 도전하게 만들기 때문입니다. 그리고 마침내 '해냈다' 라고 외치게 만들기 때문입니다.

한계와 불가능으로 가득 찬 땅을 벗어나 높고 푸른 하늘로 훨훨 날아간 사람들, 그렇게 날아 별에 안착한 사람들, 그들이 별을 향해 달려가면서 외웠던 주문은 '나는 할 수 있다' 라는 꿈의 주문이었습니다.

한국의 성공자들은 이 꿈의 주문을 종교의 진리처럼 맹신하는 사람들입니다. 그들은 영하 10도의 날씨에도 알몸으로 밖에 나가 '나는 할 수 있다' 고 외치는 사람[10]들인가 하면, 휴대전화 액정 속에도 '나는 할 수 있다' 라고 써붙이고 다니는 사람[11]들입니다.

당신은 하루에 몇 번씩 외치고 있습니까? '나는 할 수 있다!' 는 꿈의 주문을.

---

10) 탤런트, 전광렬
11) 이창용, '베리스타7' 대표

이젠 당신이 미쳐야 할 때

한 양조업자의 꿈

1947년경에 한국에서 '양조업'을 한다는 것은 가만히 앉아서 돈벼락을 맞는다는 것을 뜻했습니다. 모두들 '양조장'을 갖지 못해 안달하던 그때, 대구 최대의 양조장을 운영하던 한 양조업자는 주변의 반대를 무릅쓰고 그 모든 것을 정리하고 서울로 올라갔습니다.

'지금 우리 나라는 정치도, 경제도 갈피를 잡지 못하고 있다. 그런데 나 혼자만 이렇게 호의호식하는 것이 과연 옳은 일인가? 이제부터 나는 자주 독립 국가의 경제 건설에 응분의 소임을 다하는 사람이 되겠다'는 것이 그 이유였습니다.

대구의 갑부로 행세할 수 있는 기회를 버리고 '꿈'을 찾아 서울로 올라간 그가 세운 회사는 '삼성'이었습니다.

한 젊은 사장의 꿈

1950년대 후반, 일본의 한 회사 사장은 아주 많은 돈을 들여 회사 이름을 고쳤습니다. '도쿄추신코교'라는 회사명을 외국 사람들도 발음하기 쉬운 영어식 이름으로 고친 것입니다. 세계로 뻗어 나가는 기업이 되려면 이름부터 세계적이어야 한다는 게 그 이유였습니다. 사장의 결정은 이내 맹렬한 반대에 부딪쳤습니다.

"우리 회사는 설립한 지 10년만인 지금에야 겨우 알려지기 시작했습니다. '도쿄추신코교'라는 이름을 지금보다 몇 배는 더 많이 선전해야 마땅할 이 때에 회사 이름을 바꾸고 새로 시작하겠다니, 이 무슨 엉뚱한 소리입니까?"

"국내 시장 개척만도 할 일이 태산 같은데 대체 어느 세월에 외국과 거래를 트겠다는 거요? 세계를 향한 꿈도 좋지만 먼저 일본에서 성공하는 것이 급선무이지 않겠소? 당신 회사는 이제 막 뜨기 시작했소. 지금은 무슨 일이 있어도 '도쿄추신코교'라는 이름을 유지해야 하오."

그러나 사장의 답변은 한결같았습니다.

"나는 우리 회사를 세계적인 기업으로 키우겠다는 꿈을 세웠습니다. 그러기 위해선 세계 시장에 걸맞는 새로운 이름이 있어야 합니다. 옛날 이름을 가지고는 세계 시장을 공략할 수 없습니다."

'도쿄추신코교사' 사장이 새로 선택한 이름은 '소니sony'였습니다.

이젠 당신이 미쳐야 할 때

　삼성의 창립자 이병철은 한창 성공 가도를 달리고 있을 때, 그 모든 것을 팽개치고 장래가 불확실한 무역업이라는 '꿈'을 향해 뛰어 들었습니다.
　소니의 설립자 모리타 아키오는 이제 막 장밋빛 인생이 펼쳐지려는 찰나, 그 꽃길을 버리고 '꿈'으로 이어지는 가시밭길로 들어섰습니다.
　현실에 안주하는 대신 꿈을 따라나선 두 사람에게 세상은 결코 만만치 않았습니다. 꿈을 갖지 않은 다른 양조업자들과 다른 회사들이 한창 좋은 시절을 보내고 있을 때, 이병철은 사업체가 세 번이나 날아가는 아픔을 겪어야 했고, 모리타 아키오는 '워크맨'으로 성공하기까지 20여 년 동안 자금난으로 인한 고통을 겪어야 했습니다. 그리고 많은 사람들이 자신들의 '꿈'을 비웃고, 무시하고, 반대하는 모습을 지켜봐야 했습니다.
　오늘날 삼성과 소니는 세계적인 기업이 되었습니다. 그러나 양조장은 사라졌고, '도쿄추신코교사'의 결정을 비웃었던 당시 일본 회사들 역시 거의 남아 있지 않습니다. '꿈'을 가졌느냐, 갖지 않았느냐의 차이가 오늘날의 결과를 만든 것입니다.
　한국에서 크게 성공한 사람들 역시 다들 꿈에 미친 사람들입니다.
　그들은 지방에서 두 다리 뻗고 편히 장사할 수 있는 기회를 마다하고, 고추장 단지 하나 들고, 대기업들이 판치는 서울로 돌진해 들어가는 사람들이고, 매일 안정적으로 3만 마리의 닭을 팔 수 있는 현실에 만족하지 않고, 하루 20만 마리의 닭을 팔겠다며, 파산의 위험에도 아랑곳하지 않고 사업을 확충해 나가는 사람들입니다.

미친(狂) 사람만이 미친다(及)는 말을 이들은 증명해 보였습니다.

대전 삼원식품 오정근 사장은 서울로 진출하면서 새로 이름을 바꾼 회사 '해찬들'을 10년만에 고추장·된장·쌈장 시장 점유율 전국 1위로 끌어올렸고, (주)하림 사장 김홍국은 닭고기 시장을 제패하면서 (주)하림을 계육 시장 부동의 1위 기업으로 만들었습니다.

이젠 당신 차례입니다.

이젠 당신이 꿈에 미쳐 비현실적인 행동을 개시해야 할 때입니다.

미쳐서(狂) 미치십시오(及).

미치면(狂) 당신도 한국의 성공자가 될 것입니다.

제2부

한국에서 크게 성공한 사람들이 목숨 걸고 지키는
"18시간 몰입의 법칙"

그들이 '꿈'을 이룬 이유

그들이 꿈을 이룬 이유

주세페 베르디

19세기 최고의 오페라 작곡가로 꼽히는 주세페 베르디는 세계 최고의 작곡가라는 명성을 얻은 뒤에도 매일 새벽 4시부터 오후 4시까지 커피 한 잔만 마신 채 작곡에 열중했습니다. 그리고 작곡이 끝나면 바로 극장에 들러 오페라 배우들을 지도했습니다. 그는 마음에 드는 표정 하나를 위해 배우들을 3개월씩 연습시키는 것으로도 유명했습니다.

폴 세잔

피카소로부터 "그는 나의 유일한 스승이다"는 칭송을 받은 세잔은 세계적인 명성을 얻은 뒤에도 정물화 하나를 완성하기 위해서 같은 그림을 100번 이상 그렸습니다. 그는 어머니의 장례를 치른 날에도 오후 내내 그림을 그렸고, 프랑스와 프러시아 사이에서 벌어진 전쟁에 반대한다는 이유로 경찰에 쫓기는 와중에도 마음에 드는 그림을 얻기 위해 스케치북을 찢고 또 찢었으며, 극도로 몸이 쇠약해진 67세의 나이에도 사망하기 한 달 전까지 "나는 아직도 자연으로부터 배우고 있으며 내 그림 실력이 서서히 나아지고 있다는 걸 느낀다"라고 말하며 매일 밖에 나가 하루종일 서서 그림을 그렸습니다.

피카소

말을 배우기도 전부터 그림을 그렸고, 이미 열네 살에 미술학교 선생님들을 경악시킨 천부적인 재능을 갖고 있었음에도 불구하고 매일 녹초가 될 때까지 그림을 그렸습니다.

청년시절 그는 매일 새벽 6시까지 꼬박 그림을 그렸고, 낮 시간 동안 취침했다가 깨어나면 문을 잠가 놓고 다시 9시간, 10시간씩 서서 그림을 그렸으며, 74세의 나이에도 다른 화가들이 100일 동안 그리는 양을 며칠만에 그렸고, 82세의 나이에도 30세에 그렸던 것과 같은 양의 그림을 그렸습니다.

아이작 아지모프

현대 SF 소설의 1인자로 불리는 그는 평생동안 여행 한 번 가지 않았습니다. 휴가도 갖지 않았습니다. 친구들과 낚시를 간 적도, 캠핑을 한 적도, 파티에 참석한 적도 없었습니다. 대신 매일 신들린 듯이 글을 썼고, 매달 한 권의 책을 출판했습니다. 50년 동안 460권이 넘는 책을 출판한 그는 이렇게 말했습니다.

"나는 내 일을 사랑합니다. 일을 하고 있을 때 나는 세상에서 가장 행복합니다."

백건우

그에게는 연습시간이 따로 없습니다. 깨어 있는 시간 전부가 연습 시간이기 때문입니다. 세계 정상의 위치에 오르기 전이나 오른 뒤에나 그의 연습 시간은 똑같습니다. 식사하는 시간, 커피 마시는 시간을 뺀 나머지 시간 전부가 피아노 연습 시간입니다.

'나는 아직도 정상을 향해 올라가고 있는 중이다. 나는 언제나 열심히 해야 한다.' 이것이 그가 가지고 있는 생각입니다.

나카타니 아키히로

대학 4년 동안 매일 2권 이상의 책을 읽었고, 2편의 영화를 보았습니다. 대학을 졸업하고 광고제작자로 일할 때는 남들이 카피 하나를 쓸 때 그는 30개, 90개씩 썼습니다. 작가로 방향 전환을 한 뒤에는 10년 동안 무려 270권이 넘는 책을 출판했고, 요즘도 한 달 6권 출판을 목표로 미친 듯이 글을 쓰고 있습니다.

그의 신조는 "양이 곧 재능이다. 재능에 자신이 없다면 양으로 승부하자!" 입니다.

마이클 조던

세계 최고의 농구 선수가 되기 전이나 된 후나 항상 제일 먼저 연습장에 나왔고 제일 늦게까지 연습장에 남아 있었습니다. 정규 연습 시즌 중에는 다른 선수들보다 매일 4~5시간을 더 연습했고, 오전-오후-밤으로 이어지는 훈련 스케줄을 단 한 번도 빼먹지 않은 기록을 세웠습니다. 또 그는 독감에 걸렸던 날, 허리 통증이 심해 병원에 실려갔던 날, 발목이 부러져 피가 뼈 속으로 흘러 들어갔던 날에도 연습장에 나타나 그날치 연습량을 채운 기록도 갖고 있습니다.

그들이 최고가 된 이유

기흥성

한 번 일을 맡으면 끝마칠 때까지 잠을 자지 않고 몰입하는 습관 탓에 건강이 악화돼 심장 수술을 받게 되자, 가슴에 심장 박동기를 달고서 다시 10여 년간 밤을 새워 일한 기록을 갖고 있습니다. 무명의 모형 건축가 기흥성은 그렇게 세계 제일의 모형 건축 장인이 되었습니다.

손길승

젊은 시절, 열흘 이상 잠을 안 자고 일에 몰두하다가 얼굴에 종기가 생기자 병원 갈 시간이 아까워 인두로 종기를 지져 없애고 계속 일을 한 전력을 가지고 있습니다. "스트레스를 일로 푼다"고 말할 정도로, 자신의 일에 광적으로 몰입하는 그의 애업심愛業心은 평사원이었던 그를 SK그룹의 회장으로 만들었습니다.

안철수

미국 유학 시절, 2년 내내 잠을 이틀에 한 번 여섯 시간만 자고 나머지 시간은 전부 '안철수연구소'를 성장시키기 위한 경영학 공부에 쏟아부은 기록을 갖고 있습니다. 누구도 투자하기를 꺼려해서 결국 가정집에서 시작해야 했던 '안철수컴퓨터바이러스연구소'는 일을 향한 그의 수도자적 헌신에 힘입어 세계적인 수준의 컴퓨터 바이러스 연구소로 성장했습니다.

이종규

엉덩이 양쪽에 시커멓게 멍든 굳은살이 있습니다. 한 번 자리에 앉으면 일을 마칠 때까지 절대로 일어서지 않는 습관을 33여 년이 넘는 세월 동안 목숨처럼 지켜온 탓입니다. 주어진 일을 향한 그의 절대적 헌신은 상고 졸업이 전부인 그를 롯데상감 CEO, 호텔롯데부산 대표이사로 만들었습니다.

조현정

한 번 일을 시작하면 끝낼 때까지 밥을 먹지 않습니다. 잠도 자지 않습니다. 일에 완벽하게 빠져들어 배고픔도 수면 욕구도 까맣게 잊어버리기 때문입니다. 심지어는 자신이 결혼했다는 사실도 잊어버리고 지금이 무슨 계절인지조차 잊어버립니다. 단순히 일을 하는 개념을 넘어서 일과 완전히 하나가 돼버리는 그의 초월적 업무수행능력은 충무로 전파사 직원이었던 그를 국내 최고, 최대 의료 솔루션 업체 비트 컴퓨터의 창업자로 만들었습니다.

후덕죽

출장 때마다 점심, 저녁을 각기 다른 메뉴로 두 번씩 먹습니다. 식사를 마친 뒤에는 계단 왕복 운동을 하거나 수영을 합니다. 위를 빨리 비우고 또 다른 음식을 맛보기 위해서입니다. 일을 향한 그의 놀라운 열정은, 주방청소가 주업무였던 그를 최초의 조리사 출신 호텔 임원(신라호텔 상무), 신라호텔 '팔선'을 아시아 베스트 5 식당에 올려놓은 사람, 장쩌민 국가주석, 마이클 잭슨 같은 국제적인 인물이 찾는 세계적인 요리사로 키워냈습니다.

조용필

국내에 있는 명산이란 명산은 다 찾아다니면서 목에서 피가 터져 나올 때까지 노래 연습을 했습니다. 서울로 돌아와서는 잠잘 때 빼고는 기타를 놓지 않아 '완전히 미쳤다'는 소리를 들었습니다. 기지촌 무대에서 중견 가수들로부터 '아무래도 노래는 안 되겠다'는 부정적인 평가를 받았던 무명가수 조용필은 그렇게 국내 최고 가수가 되었습니다.

조정래

아침 7시 기상 – 오전 작업 – 1시간 낮잠 – 오후 작업 – 야간 작업 – 새벽 1~2시 취침, 1년 평균 1~2회 외출, 하루 평균 작업 시간 16시간. 무시무시하다고 밖에는 표현할 길 없는 위의 일과표를 20여 년 동안 단

하루도 거르지 않고 지켰습니다. 신춘문예 2회 낙방자 조정래는 그렇게 분단문학 최고봉이 되었습니다.

최경주

터지고 굳고 다시 터지고 굳기를 반복하던 손바닥은 어느새 나무껍질처럼 딱딱해졌습니다. 3만 번의 티샷도 견딘다는 테일러메이드 320ti 헤드는 일찌감치 깨져나갔습니다. PGA 투어 데뷔 첫해에 무려 열네 번이나 컷오프 하고, 상금 랭킹 134위에 머물렀던 가망없던 골퍼 최경주는 그렇게 2년만에 PGA 우승자가 되었습니다.

생각해 봅시다

크라운 제과 창업주 고 윤태현 회장
크라운 제과의 모든 제품을 매일 맛보고 평가했습니다.
그는 임종 전까지도 이 일을 계속했습니다.

김상범 이수화학 회장
매일 새벽 2~3시경에 취침해 새벽 6시에 일어납니다.
깨어 있는 시간 전부는 일하는데 씁니다.

한국 타일업계의 대부 대동산업 문주남 회장
74세인 지금도 매일 젊은 직원들과 똑같이 일합니다.
그는 일주일 중 하루를 쉬는데 천안공장에 내려가서
자고 오는 것으로 휴일을 대신합니다.

마대열 티에스엠텍 사장
매일 공장 기숙사에서 평사원과 똑같이 생활합니다.

이원수 신무림제지 사장
20여 년 동안 휴가를 한 번도 간 적이 없습니다.
휴가 기간에 그는 지방 공장을 찾아가 생산라인을 둘러보고
직원들을 격려합니다.

임정환 명화금속 사장
나사왕이라 불리는 지금도 하루 18시간씩 현장에서 일합니다.
그는 잘 때도 나사에 관련된 꿈만 꿉니다.

윤홍근 제너시스(BBQ) 회장
가장 빨리 출근합니다. 하루종일 가맹점을 순회합니다.
자정이 넘도록 결재를 합니다.
그리고 매일 닭고기를 한 마리씩 먹습니다.

최수부 광동제약 회장
68세인 지금도 우황청심원에 들어가는 우황,
사향 등의 재료를 일일이 육안으로 직접 검사합니다.

눈물보다 뜨거운 땀, 땀을 흘려라

몸이 마비되고 부서질 때까지

프로야구선수가 꿈인 소년이 있었습니다. 그런데 소년의 꿈은 이루어질 가망성이 거의 없어 보였습니다. 왜냐하면 소년은 손가락 두 개가 그대로 엉겨붙은 손을 갖고 있었기 때문입니다. 어렸을 때 입은 화상의 결과였습니다.

오른손 불구라는 치명적인 약점을 극복하기 위해 소년이 선택한 것은 '땀' 이었습니다. 감독을 설득해서 겨우 겨우 학교 야구부에 입단한 소년은 그날부터 피와 땀으로 채워진 훈련에 들어갔습니다. 한 번 배트를 잡으면 손잡이가 피로 물들 때까지 휘둘렀고, 스텝을 밟을 땐 야구화가 헤어질 때까지 밟았습니다. 학교 야구부 연습은 밤 10시에 끝났지만 소년의 연습은 매일 새벽 두세 시까지 계속되었습니다.

말 그대로 몸이 부서져 버릴 것 같은 낮 훈련과 기절할 것 같은 밤 훈련이 반복되는 하루하루, 이것이 소년이 보낸 10여 년의 '땀'의 세월이었습니다.

장훈이라는 이름을 썼던 소년은 위와 같은 '땀'의 바탕 위에 퍼시픽 리그 신인왕, 수위타자 7회, 베스트 나인 16회, 일본 프로야구 사상 최초의 개인통산 3,000안타 돌파라는 꿈의 기록을 쌓아나갔습니다.

만화작가의 꿈을 이루기 위해 잘 나가던 회사까지 그만두고 고달픈 만화가 지망생의 길로 들어선 사람이 있었습니다. 스물다섯, 이화여대 법학과 졸업. 만화작가와는 전혀 다른 길을 걸어온 그녀가 십대 시절부터 인기 만화가 밑에서 도제식 수업을 받은 사람들이 차고 넘치는 만화계에서 인정받는다는 것은 처음부터 불가능해 보였습니다. 그녀 또한 그 사실을 잘 알고 있던 터라 혼신의 힘을 다해 만화에 매달릴 수밖에 없었습니다. 그런 그녀에게 돌아온 것은 꿈을 짓밟는 '처참한 평가'와 '퇴짜'였습니다. 그녀는 작가 데뷔는커녕 실력이 없다는 이유로 만화동호회 가입조차 거절당했던 것입니다.

현실을 바꾸기 위해 그녀가 선택한 것은 '땀'이었습니다. 그날부터 그녀는 광적으로 만화를 그리기 시작했습니다. 아침에 눈을 뜨자마자 펜을 잡았고 한 번 펜을 잡으면 잠자리에 들 때까지 놓지 않았습니다.

손가락이 다 망가지고 마비를 일으켜 병원에 실려갈 정도였습니다.

가망 없던 만화가 지망생 천계영은 그렇게 자신을 한국 순정 만화 사상 최고의 히트작가로 변화시켜 나갔습니다.

눈물보다 뜨거운 땀, 땀을 흘려라

누구에게나 '꿈'은 있습니다. 그러나 실제로 꿈을 이루는 사람은 극소수입니다. 대부분의 사람들은 그저 환상 속에서나 꿈을 이루게 될 뿐입니다.

실제로 꿈을 이룬 사람들과 그렇지 못한 사람들은 여러 가지 면에서 차이를 보입니다. 정신, 믿음, 의지, 노력 등등. 그런데 그 중에서도 가장 결정적인 차이를 보이는 것은 꿈을 위해 흘리는 '땀의 양'입니다. 한마디로 삶이 곧 땀인 사람들이 꿈을 이루게 되는 것입니다.

사람의 인생을 변화시켜 주는 근원적인 힘이 '꿈'이라면 '땀'은 그 꿈을 이루어 주는 실질적인 힘입니다.

세상이 '꿈'을 향해 날갯짓하는 사람의 영혼에 온갖 족쇄를 채울 때 '땀'은 그 족쇄를 조용히 풀어줍니다.

사람의 영혼이 이쪽 산봉우리와 저쪽 산봉우리의 거리만큼 떨어져 있는, 꿈과 현실의 차이로 인해 괴로워할 때 '땀'은 서로 다른 산봉우리를 잇는 다리가 되어 줍니다.

사람이 꿈의 성취를 더디게 하는 자신의 재능 부족을 한탄할 때 '땀'은 그 사람의 진정한 재능이 되어 줍니다.

이처럼 '땀'이 '꿈'을 이루는 결정적인 요인으로 작용하는 까닭은, 오직 '땀'만이 오늘보다 나은 내일을 창조하기 때문입니다. 오직 '땀'만이 '꿈'으로 가는 계단을 올려주기 때문입니다.

자신의 모든 것을 걸고 '꿈'을 향해 달려가는 사람은 언제든지 처참하게 넘어질 수 있습니다. 몸이 부서지도록 뛰고도 오히려 뒤로 나동그라져 원점으로 되돌아갈 수도 있습니다.

그 때, 우리가 흘려야 할 것은 '땀'입니다. 눈물이 아닙니다. 어제보다 더 많은 양의 땀, 영혼이 부서질 정도의 땀, 오직 그것 하나뿐입니다. 그렇게 해야만 우리는 진정한 힘을 얻을 수 있습니다. 그렇게 해야만 우리는 꿈의 형상을 현실에 잡아맬 수 있습니다.

불가능해 보이는 모든 조건을 이기고 자신이 세운 '꿈'의 정상에 우뚝 선 사람들, 그들이 넘어질 때마다 흘렸던 것은 눈물이 아니라 땀이었습니다.

생각해 봅시다

위대한 예술은 자신에게 재능이 있다고 생각하는 예술가로부터 탄생하는 것이 아닙니다. 그것은 겸손한 마음으로 마치 직공처럼 일하는 예술가로부터 탄생합니다.
– 르누와르, 인상파 화가

불가능은 없습니다. 다만 시간이 좀 걸릴 뿐입니다. 부족한 것은 노력입니다. 현명한 목표를 세우고 '일보우일보(一步又一步)' 자세로 노력하십시오. 그러면 반드시 그 보답이 있습니다.
– '패코스틸' 회장 백영중,
　전화기 2대, 직원 2명으로 시작한 '패코스틸'을 미국 전체 경량 철골 분야 60%의 시장 점유율을 차지한 회사로 키워냄.

피카소는 세계 미술사에 유례 없는 충격을 던져준 작품 '아비뇽의 처녀들'을 그리기 위해 미술사 전체를 통틀어 그림 한 점에 대한 준비로는 유례가 없는 막대한 양의 스케치와 그림을 그렸습니다.
– 아서 I. 밀러, '아인슈타인·피카소'의 저자

간단합니다. 일에 미친 듯이 몰두하는 사람만이 살아남습니다.
– 앤드류 그로브, 인텔사 회장
　"무한경쟁시장에서 어떤 사람이 살아남느냐?"는 질문을 받고

나는 다른 바이올린 제작자들보다 세 배 더 깊이 생각하고, 세 배 더 실험하고, 세 배 더 연구하고, 잠은 세 배 적게 잤습니다. 그것이 바로 내가 꿈을 이룬 이유라고 생각합니다.
– 진창현, 바이올린 제작자
　제2회 '국제 바이올린 비올라 첼로 제작 경연대회' 5개 부문 석권

남들보다 두 배 더 열심히 일하면 됩니다.
– 전신애. 미국 노동부 여성 국장
　"한국 여성 최초로 미국 중앙정부 차관보급에 오른 비결이 뭐냐?"는 질문을 받고

그가 나보다 더 많이 연습하기 때문입니다.
– 최경주
　"타이거 우즈가 왜 더 좋은 성적을 내느냐?"는 질문을 받고

매일 정신이 아득해질 정도로 많은 시간을 연습에 쏟고 나면 이상한 능력이 생깁니다. 다른 선수들에게는 없는 능력이 생기는 것입니다. 예를 들면 투수가 공을 던지기 전부터 그 공이 커브냐, 직구냐를 알 수 있게 됩니다. 그리고 날아오는 공이 수박덩어리처럼 크게 보이게 됩니다.
– 행크 아론,
　홈런왕 베이브 루스의 홈런 기록을 깬 야구 선수

성공한 한국인들이 목숨 걸고 지키는 '18시간 몰입의 법칙'

벌레로 살 것인가? 나비가 될 것인가?

1869년 1월 1일 미국 뉴욕, 초라한 행색의 한 젊은이가 어깨를 축 늘어뜨린 채 도로를 걷고 있었습니다. 새해를 맞이한 사람들의 표정은 다들 생기가 넘쳐 흐르는데 유독 청년의 얼굴에는 수심이 잔뜩 드리워져 있었습니다.

올해 스물세 살인 청년의 지난 몇 년은 도대체 되는 일이라고는 하나도 없는 악몽의 세월이었습니다. 어렵사리 구한 직장은 일 년을 못 채우고 해고되기 일쑤였습니다. 일년 동안 무려 네 번이나 해고되었던 적도 있었습니다. 게다가 빚마저 잔뜩 져 있었고 고민을 털어놓을 친구 한 명 없는 상태였습니다. 설상가상으로 어렸을 때 다쳤던 귀가 점점 아파오기 시작하더니 이제는 소리마저 잘 들리지 않게 되었습니다.

도시 곳곳에서는 청년 또래의 젊은이들이 삼삼오오 모여서 즐겁게 파티를 벌이고 있었습니다. 젊은이들은 잔뜩 들뜬 얼굴로 노래를 부르고 춤을 추고 있었고, 환한 얼굴로 새해 덕담을 나누고 있었습니다. 뉴욕시는 온통 축제 분위기였습니다.

청년도 파티에 참가하고 싶었습니다. 파티에 참가해서 즐거운 시간도 갖고 친구도 사귀고 싶었습니다. 그러나 쇼윈도에 비친 자신의 모습을 본 청년은 이내 쓸쓸한 미소만 짓고 돌아서야 했습니다. 유행 지난 옷에 닳아빠진 구두, 거기다 며칠째 밥을 제대로 못 먹어 핼쑥해진 얼굴에 퀭한 눈동자……. 어쩌면 뉴욕시에서 가장 초라할 것 같은 사람의 모습이 거기 있었기 때문입니다.

화려한 시내를 빠져 나와 적막한 슬럼가 자취방으로 돌아가면서 청년은 생각했습니다. 나도 새해를 맞아 좀 웃고 싶다고. 나로 하여금 웃지 못하게 만드는 이 지긋지긋한 가난으로부터 이젠 그만 벗어나고 싶다고. 땔감이 없어 불을 지피지 못해 한기가 뼈 속까지 스며드는 냉방에서 이불 대신 옷을 겹겹이 껴입고 자리에 누운 청년은 신세를 한탄하는 대신 어떻게 하면 이 신세를 벗어날 수 있을까를 밤새도록 생각했습니다.

'벌레 같다. 지금의 내 인생은, 흉하고 쓸모 없는 존재. 지금 당장 죽어 없어져도 누구 하나 신경 쓰지 않을 그런 무가치한 존재다' 라고 청년은 생각했습니다.

'그러나 같은 벌레라도 결국에는 화려한 나비로 변신하는 벌레도 있다' 라고 청년은 또 생각했습니다.

'매미는 여름 하늘을 지배하기 전에 7년, 8년씩 어두컴컴한 땅 속에서 벌레처럼 살아간다고 들은 적이 있다' 라는 생각도 했습니다.

밤새도록 숙고한 끝에 '지금 나는 벌레처럼 살아가고 있다. 앞으로 남은 평생 역시 벌레로 살아갈 것인가? 아니면 결국은 화려한 나비 또는 여름 하늘을 지배하는 매미로 변신할 것인가?' 라는 화두를 이끌어낸 청년은 다음날 또 하루종일 생각을 했습니다. '내가 벌레로 끝나지 않고 나비 또는 매미가 되려면 나는 어떻게 해야 하는가?'

'주력분야를 하나 정하고 거기에 하루 18시간 이상의 노력을 대략 7,8년 가량 쏟으면 된다.' 몇 주일간의 연구 끝에 청년이 찾아낸 답이 있습니다.

저능아를 천재사업가로 만들어 준 '18시간 몰입의 법칙'

그러나 청년에게는 '하루 열여덟 시간씩 꼬박 8년 넘게 한 가지 일만 파고들어야 한다니! 사람이 그렇게 살수 있을까?' 하는 의구심만 일었습니다. 지난 몇 년 동안 회사생활을 하면서 집중력이 부족하다느니, 끈기가 없다느니 하는 평가만 받아온 청년으로서는 그렇게 산다는 것은 도저히 불가능한 일처럼 여겨졌습니다.

'불가능해, 그렇게는 할 수 없어. 도저히 불가능해. 차라리 평생 이렇게 살다 가는 게 낫겠어. 안 돼. 안 돼. 나는 틀렸어······!' 라는 마음 속의 외침을 애써 무시하면서, 청년은 '이렇게는 살 수 없어. 방법이 있을 거야. 뭔가 방법이. 나 같은 사람도 하루 18시간씩 쉬지 않고 일할 수 있게 만드는 방법이······!' 를 생각하고 또 생각했습니다.

답은 의외로 쉽게 찾아졌습니다.

생각해 보니 자신은 언제나 하루 18시간씩 일하고 있었습니다. 회사원 생활을 할 때에는 하루 24시간 중 10시간을 회사에서 일했고, 6시간을 침대에서 잤으며, 나머지 8시간은 식사를 하거나 친구와 잡담을 하거나 신문을 읽는 등의 일에 쓰고 있었습니다. 회사를 다니지 않을 때도 마찬가지였습니다. 자신은 하루 종일 뭔가를 하고 있었습니다. 거리를 걷거나 사람들을 만나거나 혼자 생각을 하고 있었습니다. 잠들 때 빼고 자신이 뭔가를 하지 않는 시간은 단 일분도 없었습니다. 아니 잠자고 있을 때조차도 꿈꾸는 일을 하고 있었습니다.

청년은 냉정하게 따져보았습니다.

'전에 나는 출근할 때 습관처럼 신문을 읽었고 퇴근하면 친구들과 이곳저곳을 돌아다녔다. 식사할 때는 무의미한 잡담을 나누었고 혼자 있을 때는 쓸데없는 생각에 빠져 있었다. 이런 행동들이 나로 하여금 나비로 변신하게 하는데 도움이 되는가?'

'아니오' 라는 대답이 돌아왔습니다. 그렇다면 앞으로는 이런 무의미한 일은 절대로 하지 말자라고 결심한 청년은 다시 여러 가지를 곰곰이 따져 본 뒤 다음과 같은 결단을 내렸습니다.

"내 꿈을 실현시킬 수 있는 사업을 하자. 하루 24시간 중 10시간은 온 힘을 기울여서 직접 일을 하자. 잠자는 시간을 뺀 나머지 8시간은 머릿속으로 일을 하자. 직접 일하는 시간을 18시간까지 점차로 늘여가자. 무의미한 만남은 갖지 말자. 무의미한 활동 역시 하지 말자. 언제나 지금 하고 있는 일, 일만 생각하자. 그렇게 나 스스로를 깨어 있는 동안 한 가지 일에 완벽하게 몰입하는 사람으로 변화시켜 가자. 그리고 잠잘 때도 일에 관련된 꿈을 꾸자!"

그 결단이 있은 8여 년 뒤, 청년은 공장을 무려 6개나 소유한 30대 백만장자로 변신하게 됩니다.

백만장자가 된 뒤로 일하는 시간을 2시간 더 늘려 은퇴할 때까지 하루 스무 시간씩 일하면서 세계 최고 기록인 1,093개의 특허를 따내고, 세계적인 기업인 제너럴 일렉트릭(GE)사를 창설한 사람, 오늘날의 사람들은 그를 20세기 최고의 발명가 '토마스 에디슨'으로 기억하고 있습니다.

토마스 에디슨은 초등학교 시절, 교육청에 '저능아'라고 공식 보고되었을 정도로 머리가 나빴던 사람입니다.
사회에 나와서는 근무태도 불성실로 직장에서 무려 열 번 넘게 쫓겨나기도 했습니다.
그랬던 그가 이십대 초반에 성공한 사람들에 관한 수많은 책을 읽고 '18시간 몰입의 법칙'을 발견하고 자신의 삶에 적용한 뒤, 30대 초반에 백만장자가 되었고 30대 중반에는 세계적인 인물이 되었습니다.
그가 말하는 '18시간 몰입의 법칙'은 무조건 하루 18시간씩 일을 붙들고 앉아 있으라는 의미는 아닙니다.

　비록 실질적으로 일하는 시간은 8시간에 불과할지라도 나머지 깨어 있는 시간 전부를 일에 대한 생각으로 채우라는 말입니다. 사랑에 빠진 사람이 하루 종일 연인에 대한 생각으로 가슴 절이고 애태워하듯 그렇게 일에 빠지라는 의미입니다.

'18시간 몰입의 법칙'

　에디슨이 발견하고 세상에 공개한 '18시간 몰입의 법칙'은 인류사의 모든 리더들이 공통적으로 따랐던 법칙입니다. 세종대왕, 이 충무공, 알렉산더, 카이사르, 나폴레옹, 링컨, 간디 같은 위대한 지도자들은 물론이고 레닌, 마오쩌둥, 스탈린 같은 부정적인 지도자들 역시 이 법칙을 평생 실천했습니다.
　오늘날 한국에서는 100대 기업 CEO들, 정치·문화·예술 등 사회 각 분야의 최고봉에 올라 있는 사람들이 하루도 빠짐없이 이 법칙을 실천하고 있습니다.
　저자가 한국의 성공자 300여 명으로부터 추출한 '18시간 몰입의 법칙'은 다음 네 가지 원칙으로 구성되어 있습니다.

1. 눈뜨자마자 일을 생각하라.
2. 머릿속의 모든 생각을 언제나 일에 집중시켜라.
3. 무조건 하루 18시간은 일을 하라.
4. 꿈 속에서조차 일을 하기를 소망하라.

1. 눈뜨자마자 일을 생각하라

　한국의 성공자들은 눈뜨자마자 일을 생각합니다. 하루 일과 설계와 미래 비젼 점검이 주가 되는데, 운동을 하면서 하는 사람이 있는가 하면, 묵상을 하면서 하는 사람이 있고, 자기계발 서적이나 전공분야의

책을 읽으면서 하는 사람이 있습니다

다른 방법을 통해서 하는 사람들도 있으나 대체적으로 위의 세 가지로 분류됩니다.

특기할 만한 사실은 한국의 성공자들은 여기에 마음의 에너지를 강력하게 쏟아붓는다는 것입니다. 그냥 단순하게 하루를 계획하는 수준이 아니라, 마치 전투에 임하는 병사처럼 혼신의 힘을 다해 오늘의 할 일과 만나야 할 사람들을 그리면서 하루 일을 마음 속으로 미리 다 끝내버리는 것입니다.

일어나자마자 회사로 바로 출근해 새벽 5시, 6시부터 하루 일과를 본격적으로 시작하는 사람들도 부지기수입니다.

한국의 성공자들은 일어나자마자 자기 일을 하는 사람들입니다. 그들은 아침에 신문을 보거나 텔레비젼도 보지 않습니다. 그들은 새벽과 아침에 자기 일에 관련된 생각과 행동을 합니다. 그들은 눈뜬 그 순간부터 자기 일을 승리로 이끄는 사람들입니다.

2. 머릿속의 모든 생각을 언제나 일에 집중시켜라

한국의 성공자들은 자기 일에 광적으로 몰입하는 사람들입니다. 그들은 자신의 뇌가 단 일초라도 다른 생각에 빠져드는 것을 용납하지 않습니다. 일을 하면서 머릿속으로 다른 생각을 하는 것을 가장 혐오하고 또 가장 싫어하는 사람들이 한국의 성공자들입니다.

한국의 성공자들이라고 처음부터 일에 몰입했던 것은 아닙니다. 1년 혹은 5년 이상의 혹독한 자기수련 과정을 통해서 후천적으로 습득한 경우가 대부분입니다. 하루에도 수십 번씩 '내 생각은 지금 내 눈이 보고 있는 것만을 향한다', '그 생각은 일을 마치고 한 뒤에 해도 늦지 않다'라고 다짐하고 또 다짐하면서 자신의 모든 생각을 일에 붙들어맨 사람들입니다.

한국의 성공자들은 몸을 쉬고 있을 때조차도 머리로는 끊임없이 일을 생각하는 사람들입니다. 깨어 있는 동안의 머릿속 생각이 단 일초도 일에서 떠나 있지 않는 사람, 그들이 바로 한국의 성공자들입니다.

3. 무조건 하루 18시간은 일을 하라

한국의 성공자들은 무조건 하루 18시간을 일로 채웁니다. 앞에서 저자는 '18시간 몰입의 법칙'이란 직접 일을 하는 시간은 8시간에 불과할지라도 남은 10시간을 일에 관련된 생각이나 활동으로 채우는 것이라고 설명했습니다. 하지만 한편으로 한국의 성공자들은 실제로 일을 하는 시간이 24시간 중 18시간을 넘어가는 경우가 대부분입니다.

어떤 사람들은 말합니다. 하루 18시간씩 매일 일하는 것은 인간으로서 불가능한 일이다라고. 하지만 그것은 그 사람의 생각일 뿐입니다. 현실은 전혀 다릅니다. 저자가 조사한 사람들만 해도 하루 18시간씩 일하는 사람은 300여 명을 넘어갑니다. 심지어는 교통사고를 당해 들 것에 실려가면서도 휴대전화로 일을 하고, 일에 너무 몰입한 탓에 자기 결혼식도 잊어버리고 불참하는 사람들, 그들이 바로 한국의 성공자들입니다.

한국의 성공자들이 하루 18시간씩 일하기 위해 사용하는 방법은 매우 간단합니다. 무조건 하루 18시간씩 죽기살기로 일을 붙들고 늘어지는 것입니다. 일이 잘 풀리든 안 풀리든 그것은 전혀 개의치 않습니다. 그렇게 막무가내식으로 물고늘어지다 보면 '18시간 몰입의 법칙'이 서서히 몸에 익게 되고 나중에는 그것이 완전 습관이 되어 하루 18시간 일을 하지 않으면 도리어 기분이 침울해지고 몸까지 아프게 된다고 합니다. 한국의 성공자들, 그들은 자신을 서서히 일과 하나되는 존재로 변화시켜 나간 사람들인 것입니다.

4. 꿈 속에서조차 일하기를 소망하라

한국의 성공자들은 꿈 속에서조차 일을 하는 사람들입니다. 영혼이 오직 일을 향한 열정과 사랑으로 가득 차 있다 보니 그들의 일은 꿈 속에서도 계속됩니다. 많아야 5시간이고 평균적으로 3~4시간을 자는 한국의 성공자들은 일에 치인 사람들이 아닙니다. 그들은 너무너무 기쁘고 감사하고 행복한 가운데서 일을 하는 사람들입니다. 그들은 그 행복을 단 일초라도 놓치고 싶어하지 않는 것이고 바로 그 염원이 꿈 속에서도 재현되는 것입니다.

한국의 성공자들은 말하고 있습니다. '18시간 몰입의 법칙'을 실천하다 보면 자연스럽게 하루 3~4시간만 자게 되고 꿈 속에서조차 행복한 얼굴로 일을 하게 되는 경지에 이르게 된다고.

성공한 한국인 300여 명이 말하는 최고최상의 성과를 내는 기술

1. 하루 18시간씩 매일 혼신의 힘을 다해 일을 한다. 그렇게 하면 저절로 조직 내에서 가장 뛰어난 성과를 내게 된다.
2. 가장 뛰어난 성과를 놓고 스스로에게 "이보다 더 잘할 수 있다!"라고 말하면서 다시 도전한다. 그러면 조직 내에서 가장 뛰어난 성과가 내가 해낼 수 있는 최선의 성과로 변한다.
3. 최선의 성과를 앞에 두고 "나는 이보다 훨씬 잘할 수 있다!"라고 외치면서 다시 도전한다. 그러면 내 능력으로 해낼 수 있는 최선의 성과가 최고의 성과로 바뀌게 된다.
4. 최고의 성과를 앞에 두고 "이보다 좀 더 잘할 수 있다!"라고 말하면서 다시 도전한다. 그러면 최고의 성과가 인간의 힘으로는 도저히 이룰 수 없다고 생각되는 경지인 최고최상의 성과로 변하게 된다.
5. '18시간 몰입의 법칙'을 실천하면 보통 사람들과 똑같은 기간에 최고최상의 성과를 낼 수 있다.

'18시간 몰입의 법칙 실천자들

마더 테레사

캘커타 빈민가에 들어간 뒤 평생 동안 하루 18시간을 봉사하는 일로 보냈습니다. "헐벗고 굶주리고 병에 걸린 사람들에게 예수 그리스도의 사랑을 전하리라"던 그녀의 꿈은 빈민구호소 '사랑의 선교회' 활동을 통해 사후에도 계속 이루어지고 있습니다.

신용택

미국 의학계에서 '최소침습시술'을 이용한 심장 수술 분야의 최고 전문가로 인정받고 있습니다. 워싱턴 대학교 의료센터에서 최연소 의대 교수로 재직한 경력도 갖고 있습니다. 그는 현재 '빈자貧者들의 병원'이라 불리는 뉴욕 '성 빈센트' 병원에서 하루 19시간씩 일하고 있습니다.

주은래

중국 인민이 가장 존경한다는 주은래는 평생 동안 하루 평균 18시간 이상을 일했고, 6일 중에 하루는 22시간 이상을 일했습니다. 24시간 내내 일한 날도 셀 수 없이 많았습니다. 이 같은 초인적인 노력 속에서 그는 자신의 꿈을 하나하나 실현해 나갔습니다. 그는 중국 통일의 기초를 닦았고, 신중국의 뼈대를 세웠으며, 미국·일본과 수교를 성사시켰고, 월남전을 종식시킨 파리회담을 성사시켰습니다. 그리고 중국의 국가노선을 '개방과 실용'으로 전환시켰습니다.

박동진

한국 최고의 명창으로 인정받고 있는 故 박동진 옹은 TV 프로그램 '성공시대'에서, 젊은 시절 갑자기 소리를 잃어버린 뒤 고향집 뒷산에 움막을 짓고 하루 18시간씩 소리공부에 매달려 기적적으로 소리를 되찾은 경험이 있노라고 말했습니다.

정재형

고객을 만족시키기 위해 하루 평균 18시간 이상 일하고 이삼일씩 밤을 새기를 예사로 합니다. 그는 전 세계 보험 설계사 중 단 0.1%만이 속해 있다는 TOT(Top of the Table, 3억 6천만 원 이상의 보험 수수료 실적을 올린 보험인에게 주어지는 칭호) 기록을 9개월만에 달성한 기록을 갖고 있는 국내 최고의 보험인입니다.

이영석

매일 대한민국 최고의 평당 매출액을 올린다는 야채가게 '자연의 모든 것'에 대한 책을 쓰기 위해 이영석과 6개월간 생활한 국민대학교 경영대학원 교수 김영한은 자신의 책 '총각네 야채가게'에서 이렇게 말했습니다.

"이영석은 하루에 줄잡아 열여덟 시간씩 일하는 괴물이다."

함춘승

LG 증권 영국 런던 현지 법인 영업을 맡았을 때 매일 17~18시간 동안 신들린 듯 일한 기록을 갖고 있습니다. 그는 13년 동안 휴가 한 번 가지 않고 일에 몰입한 사람으로도 유명합니다. 영국에서 하루 18시간씩 일할 때 그는 영국 최대 증권회사인 워버그사의 회장보다 더 많은 연봉을 받았습니다.

마이크로 소프트사

　창립 초기부터 빌 게이츠를 비롯한 거의 모든 직원들이 매일 18시간씩 일하고 있습니다. 마이크로 소프트사는 세계 최고의 컴퓨터 기업으로 성장했고, 현재까지 그 위치를 변함없이 지켜나가고 있습니다. 마이크로 소프트사에 입사해 백만장자가 된 사람은 9천 명이 넘습니다. 빌 게이츠는 자신의 성공 비결을 묻는 사람들에게 토마스 에디슨과 비슷한 말을 했습니다. "항상 한 가지 일에 초점을 맞추고 집중하는 것이 성공의 열쇠입니다. 그러기 위해서는 먼저 자신의 능력의 범주를 파악해야만 합니다. 가장 잘 할 수 있는 한 가지 일을 정하고 거기에 모든 시간과 에너지를 쏟아부으십시오. 그러면 됩니다."

장 폴 게를랭

향수회사 '게를랭'의 CEO로 43년간 재직했습니다. 베티베, 루주, 샤마드, 삼마라, 마호라 등 새로 내놓는 제품마다 세계적인 히트를 쳤습니다. '게를랭사'를 프랑스를 대표하는 향수업체로 키워 냈다는 평가를 받고 있는 그는 새로운 향수를 개발할 때마다 매일 18시간씩 향수냄새를 맡았던 것으로 유명했습니다.

커티스 앤드루스

연세대학교에서 실시한 '외국 기업 선호도 조사'에서 외국 제약사 부문 1위를 차지한 기업, '한국화이자' 사장으로 2000년에 취임했습니다. 그의 취임과 더불어 '한국화이자'는 2년만에 매출액이 두 배 넘게 상승했습니다. 그는 언론과의 인터뷰에서 하루 평균 16~18시간을 일한다고 털어놓았습니다.

프란시스 콜린스

인간 지놈 게도의 초안을 작성하고 인간 게놈 지도를 완성시킨, 다국적 컨소시엄 HGP팀의 리더입니다. 그는 20여 년 동안 하루도 빼놓지 않고 평균 18시간 이상 연구한 기록을 갖고 있습니다.

그리고 당신 주위의 사람들을 한 번 관찰해 보십시오.
한국에서든 세계에서든 눈부신 성과를 이룬 사람들은 한결같이 '18시간 몰입의 법칙'을 따르고 있음을 어렵지 않게 발견할 수 있을 것입니다.

'18시간 몰입의 법칙'의 효과

김선영

컴맹이었습니다. 그러나 '18시간 몰입의 법칙'을 실천한 결과, 2년만에 캐나다 몬트리올에서 열린 제35회 국제 기능 올림픽 그래픽 디자인 분야 금메달 수상자가 되었습니다.

김종훈

학비를 대줄 사람이 없어 다니던 고등학교에 자퇴서를 내야 할 정도로 가난한 사람이었으나 '18시간 몰입의 법칙'을 실천한 결과, 미국 경제 전문지 '포브스' 선정 세계 500대 부자의 반열에 오르게 되었습니다.

윤생진

고등학교를 40명 중 30등으로 졸업한, 미래가 보이지 않는 청년이었습니다. 그러나 '18시간 몰입의 법칙'을 실천한 결과 사장 표창 52번에 훈장 1번, 대통령 표창을 5번이나 받는 한국 최고의 품질관리 전문가가 되었습니다.

백성학

모자가게 점원이었습니다. 그러나 '18시간 몰입의 법칙'을 실천한 결과 연매출 2억 2,000만 달러(2001년 기준)에 이르는 세계 최고, 최대의 모자 브랜드 '영안모자'의 창립자가 되었습니다.

지니 오

방송국 보조 사원이었습니다. '18시간 몰입의 법칙'을 실천한 결과, 백인 지원자들을 전부 물리치고 시카고 방송국 최연소 PD가 되었습니다.

메리 케이

실직당한 세일즈 우먼이었으나 '18시간 몰입의 법칙'을 따른 결과, 세계 33개국 지점에서 연매출 30억 달러의 수입을 올리는 '메리 케이 코스매틱'의 창업주가 되었습니다.

비틀스

삼류 클럽을 전전하며 매일 밤 목이 터져라 노래를 불러댔지만 그 누구도 쳐다봐 주지 않았습니다. '18시간 몰입의 법칙'을 실천하자 사람들이 그들의 노래에 환호하기 시작했습니다. '비틀스 전설'은 그렇게 시작되었습니다.

왕패전자

공무원 일곱 명으로 시작한 영세 규모의 가전업체였으나, '18시간 몰입의 법칙'을 따른 결과 13년만에 회사 규모가 백 배로 커지게 되었고, 20년만에 중국을 대표하는 가전업체로 성장하게 되었습니다.

혼다

만드는 제품마다 불량품 판정을 받았던 실패한 기술자였습니다. 그러나 '18시간 몰입의 법칙'을 실천하자, 내놓는 작품마다 국가적 초히트를 치게 되었고, 그 자신은 세계 자동차 업계의 별로 떠오르게 되었습니다.

크리스챤 디오르
연필 쥐는 법조차 몰랐던 엉터리 디자이너였습니다. 그러나 '18시간 몰입의 법칙'을 따른 결과 20세기 유럽 패션계를 대표하는 불멸의 디자이너가 되었습니다.

생각해 봅시다

연봉 1억 원이 넘는 샐러리맨들은 (사무실에서) 하루 평균 14시간 이상 일합니다. 여기다 더해 이른 아침과 늦은 저녁까지 짬을 내서 일과 중에 못다 한 일을 하는 사람들입니다.
— 이도영, 에이치알파트너스(헤드헌팅업체) 대표

연애할 때 밤을 새워도 힘들지 않은 것처럼… 나는 그렇게 일을 합니다.
— 오권용, MDRT (백만불 원탁 회의)회원, 메트라이프 생명보험 근무

회사에 출근하고 싶어서 새벽이 오길 기다립니다.
— 삼성화재 이수창 사장

내 취미는 일입니다.
- 동부그룹 김준기 회장, 현대자동차 박병재 부회장

일에 미치십시오. 일에 몰두하면 피곤한 겨를도 없고 아플 시간도 없습니다. 나는 가위를 잡으면 어지간한 통증 따위는 느끼지도 못합니다.
- 박 준, 헤어 디자이너

지금 내 나이 마흔여덟이지만 일할 때면 나도 모르게 콧노래가 나옵니다.
- 김순금, (주)놀부보쌈에 설거지 아줌마로 입사해 14년만에 최고관리자의 자리에 오른 비결에 대해

30대 청년에서 머리카락 희끗한 지금까지 일이 좋아 매일매일 가슴 설레며 살고 있습니다.
- 이현구, 까마시아 대표

숨쉴 틈 없이 바쁜 하루 일과를 마치면 나는 '해야 할 일을 주고 그 일을 사랑하게 만든 절대자'에게 감사의 기도를 올리고 잠자리에 듭니다.
- 앙드레 김, 패션 디자이너

성공한 한국인들이 목숨 걸고 지키는 '3(4)시간 수면의 법칙'

3(4)시간 수면의 법칙

한 사람이 있습니다. 그는…….

식민지 출신입니다. 한때 정치적 약세에 몰려 조국을 등지기도 했습니다. 그러나 십수 년 뒤 조국의 해방자가 되어 당당하게 귀국합니다.

전과자입니다. 스물 다섯 살 때 법을 어긴 혐의로 감옥생활을 했습니다. 그러나 십수 년 뒤 법의 제정자가 되어 현대 민법의 토대를 완성합니다.

내세울 것 없는 집안 출신입니다. 무명시절 그는 '너절한 촌구석 출신'이라는 비웃음을 받곤 했습니다. 그러나 그는 자신의 가문을 세계적인 명문가로 만듭니다.

가난했습니다. 거의 서른 살이 될 때까지 구멍 난 신발과 누더기 같은 옷을 입고 다녔습니다. 서른 살 때까지 그를 가장 괴롭혔던 것은 돈이었습니다. 그러나 그는 유럽 최대의 부자가 됩니다.

　얼굴은 늘 병색에 찌들어 있고 키가 매우 작으며 배는 올챙이배처럼 툭 튀어나와 있습니다. 그러나 유럽 최고 미인들의 흠모와 사랑을 받습니다.

　성격은 오만하고 과격하며 타협할 줄 모르는 고집쟁이입니다. 그러나 평생에 걸쳐 사람들의 경외심어린 존경을 받습니다.

　'촌놈 부오나파르테'에서 20여 년만에 프랑스의 황제가 되기까지, 나폴레옹이 온 힘을 다해 실천한 법칙이 '3시간 수면의 법칙' 입니다. 그는 거의 매일 겨우 세 시간을 자면서 나머지 스물한 시간을 '꿈'의 성취를 위해 쏟아부었습니다.

　물론 천하의 나폴레옹도 처음부터 하루 세시간만 잤던 것은 아닙니다. 프랑스 육군 소위로 전쟁터에 실전배치를 받기 전까지는 나폴레옹 역시 일반 사람들과 똑같이 잤습니다. 그러나 배치받는 전쟁터마다 식민지 코르시카 출신이라는 이유로 사지로 내몰리거나 보급품 운반 같은 당시 현역 장교로서는 좌천이나 다를 바 없는 대우를 받으면서, 그런 현실을 타파하기 위해 잠을 줄이면서 실력을 쌓아가기 시작했던 것입니다.

　'3(4)시간 수면의 법칙'은 과학적으로도 무리가 없는 법칙입니다. 대뇌생리학자들이 하루 3시간 자는 사람과 하루 8시간 자는 사람의 뇌파를 비교 분석해 본 결과 수면의 질은 거의 동일한 것으로 나타났기 때문입니다.

　또 필자가 조사한 결과에 따르면 하루에 3(4)시간 자는 사람들은 하루

8시간 자는 사람들보다 더욱 건강하고 정력적이며 활동적인 사람들이었습니다. 한편으로 그들은 자기가 속한 분야의 최고 전문가들이기도 했습니다.

'3(4)시간 수면의 법칙' 실천자들

강우석

한국 영화계의 '절대 군주'로 불리는 그의 하루 평균 수면시간은 4시간입니다. 나머지 시간은 전부 영화 관련 일에 씁니다. 그는 직원들이 다 쉬는 일요일에도 회사에 나와 하루 종일 일을 하는 것으로도 유명합니다. "나는 영화에 미쳤다. 나는 영화와 결혼했다"라고 서슴없이 말하는 그의 영화에 대한 광적인 몰입은 그로 하여금 '한국 영화계에서 가장 영향력 있는 인물'이라는 평가를 9년 연속 받게 하는 원동력이 되어 주고 있습니다.

김택진

미국과 일본이 주도하던 세계 온라인 게임시장의 물줄기를 한국으로 돌려놓은 엔씨소프트사 사장입니다. 그의 하루 평균 수면시간은 하루 4시간입니다. 깨어 있는 시간 전부를 일에 쏟아붓는 그의 열정은 국산 게임 '리니지 1·2'가 중국, 대만에 이어 미국시장까지 지배하는 데 결정적인 역할을 했습니다.

민계식

서울대 조선공학과를 졸업하고 미국 버클리대에서 우주 공학 및 조선 공학 석사 학위를 받았습니다. MIT대학교에서는 해양공학 박사 학위를 받았습니다. 대통령상만 네 차례 받았고, 국내외에 40개 이상의 특허를 가지고 있으며, 국내외에 발표한 논문만 120편이 넘습니다. 현대 중공업 사장으로 있으면서 92년도에 20억 달러 수출탑을 수상했고, 2003년도엔 50억 달러 수출탑을 수상했습니다. 그는 하루 4시간 자고 18~19시간 일하는 생활을 50여 년 넘게 계속해 오고 있습니다. 환갑을 넘긴 나이인 62세인 지금도 그는 매일 4시간 자고 일하며, 일주일 중 3일은 24시간 내내 일합니다. 그리고 매일 10km를 달립니다.

백대균

국내 굴지의 대기업 임원들이 '한 번만 도와주십시오'라고 말하며 매달리는 사람. '한 번 다녀가면 죽은 공장도 살려낸다'는 평가를 받는 사람. 일본과 미국의 유수 기업들이 벤치마킹하기에 급급한 사람. 비서만 7명 넘게 두고 있으며, 영어와 중국어로까지 번역되어 있는 1,200여 권의 기업 컨설팅 자료를 머리 속에 통째로 집어넣고 다니는 사람. '(생산)라인의 마술사', '토종 컨설턴트 1호'라 불리며 '백대균 월드인더스트리얼 매니지먼트 컨설팅'사의 대표로 활동하고 있는 그는 이렇게 말했습니다. "나는 컨설턴트로 독립한 뒤 하루 3~4시간 이상 자본 적이 없습니다."

이은결

설명이 필요없는 국내 최고의 마술사입니다. 그는 하루 24시간 중 15시간을 마술 연습에 쓰고 6시간을 공연, 방송 및 강연에 쓰며 나머지 3시간을 수면으로 씁니다.

이명박

운동권 출신이라는 약점에도 불구하고 현대건설에 입사해, 20대에 이사가 되고 30대에 사장이 되고 40대에 '대한민국 샐러리맨의 전설'이라 불린 이명박은 자신의 성공비결을 이렇게 밝혔습니다.

"나는 입사 이후, 단 하루라도 4시간 이상 자본 적이 없습니다. 병원에서 사형선고를 받았을 때도 회사에 출근해 18시간 넘게 일했습니다."

정수진

통신사업과는 거리가 먼 재료공학업체 '레이켐사'에서 20여 년간 근무했습니다. 그럼에도 불구하고 쟁쟁한 경쟁자들을 물리치고 통신업체 '노텔네트웍스 코리아'의 최고경영자로 선출되었습니다. 그리고 취임 첫해에 회사 매출을 250% 신장시켰습니다. '노텔네트웍스 코리아'는 현재도 매년 20% 이상의 매출 신장을 기록하고 있습니다. 55세의 나이에 이와 같은 놀라운 성과를 낸 비결로 그는 산을 오르며 평정심을 유지한 것과 하루 4시간씩 자면서 공부한 것을 들었습니다.

황윤성

은행원으로 근무하던 시절, 근무하는 지점마다 200~300억 원대의 신규예금을 유치했습니다. 이후 AIG생명으로 옮겨 연속 8개월간 월별 실적 전국 1위를 차지했고, 2002년도에 AIG 생명 연도 대상을 받았습니다. 연봉만 수억 원대에 이르는 그는 매일 새벽 5시에 출근하고 밤 12시 넘어서 퇴근하는 것이 생활화되어 있습니다.

쓰스미 요시아끼

170개의 회사와 10만 명의 사원을 거느린 일본 세이부 그룹의 총수입니다. 그는 이렇게 말했습니다. "수면은 3~4시간으로 충분합니다. 그러는 편이 건강에도 좋고 비즈니스맨에게 필수적인 창조력이나 집중력 또한 놀라울 만큼 연마할 수 있습니다. 하루 8시간씩 수면을 취했다가는 살아남기 힘듭니다."

후지모도 겐고

스물세 살 때 억대에 이르는 빚을 지고 6개월만에 이 빚을 전부 다 갚았습니다. 이 6개월 동안 그는 매일 세 가지 일을 했습니다. 아침 9시부터 저녁 5시까지는 가정용품 세일즈맨으로 일했고, 저녁 6시부터 8시까지는 학원강사로 일했으며, 밤 9시부터 다음날 아침 6시까지는 운송회사로 가서 야근을 했습니다. 그리고 세일즈 일이 없는 날에는 공사장 인부로 일했습니다. 덕분에 그는 매달 대졸 샐러리맨의 열 배에 달하는 수입을 올렸고, 6개월만에 빚을 갚을 수 있었다고 합니다.

이 기간 동안 그가 실천한 수면법이 '외눈 수면법' 입니다.

검은 천으로 안대를 만들어 오른쪽 눈을 2시간 동안 가리고 다음에는 왼쪽 눈을 2시간 동안 가려 한쪽 눈씩 교대로 취침하는 방법입니다. 그는 오늘도 하루 3시간씩 자면서 작가 및 강연자로 왕성한 활동을 하고 있습니다.

'3(4)시간 수면의 법칙' 의 효과

김민규

지하 셋방을 전전하던 길거리 노점상이었습니다. 그러나 '3(4)시간 수면의 법칙'을 실천한 결과, 스물아홉 살의 나이에 연매출 160억 원(2002년 기준)에 이르는 경호전문업체 (주)코스트 대표가 되었습니다.

박용식

창업하고 1년 6개월 동안 단 한 건의 계약도 따내지 못했습니다. 그러나 '3(4)시간 수면의 법칙'을 실천한 결과, 회사 '상원아이티'를 10여 년만에 국내 거래처 1,000곳, 세계 거래처 50여 개국에 이르는 연매출 500억 원대의 중견 기업으로 키워내게 되었습니다.

신호범

열아홉 살의 나이에 초등학교 과정부터 다시 공부를 시작해야 했던, 공부의 '공' 자도 모르던 사람이었습니다. 그러나 23여 년 동안 3시간만 자고 공부한 결과, 하와이 대학교, 쇼어라인 대학교, 매릴랜드 대학교 교수가 되었으며, 한인 최초로 워싱턴 주 상원의원이 되었습니다.

송창민
평범하기 이를 데 없는 보통의 신입사원이었습니다. 그러나 '3(4)시간 수면의 법칙'을 따른 결과 서른한 살의 나이에 시티은행 지점장이 되었습니다.

이경준
농사꾼이었습니다. '3(4)시간 수면의 법칙'을 실천한 결과 기술고시에 패스하여 체신부 관료가 되었고, 한국통신 사업개발단 기술부장이 되었으며, KTF 최고 경영자가 되었습니다.

이은희
'3(4)시간 수면의 법칙'에 힘입어 인터넷 쇼핑몰 '애니코스튬'을 창업 1년만에 업계 1위로 키워냈습니다.

임정환
가정 환경으로 인해 열여섯에 초등학교를 졸업하고 곧바로 공장에 취직해야 했던 불우청소년이었습니다. 하지만 40여 년 동안 4시간만 자고 일한 생활한 결과, 대졸자가 되었고, 회사 사장이 되었으며, 회사 명화금속을 거래 국가 30여 개국, 연매출 400여 억원(2003년 기준)에 이르는 세계 최고의 나사회사로 키워냈습니다.

송영예

'3(4)시간 수면의 법칙'을 실천한 결과 평범한 주부에서 연매출 20억 원 대의 회사 '송영예의 바늘이야기' 사장으로 변신하게 되었습니다.

생각해 봅시다

매일 새벽 4~5시까지 일하면서 서너 시간 자고 다시 일어나 하루 종일 일했습니다. 집은 일주일에 한 번만 들렀고 나머지 시간은 사무실에서 먹고 잤습니다. 그 결과 신개념 스위치 'RF5:4'를 개발해 6개월만에 7억 원의 매출을 올릴 수 있었고, 회사의 토대를 구축할 수 있었습니다. 후일 이 제품은 전 세계를 상대로 특허를 취득하게 되었습니다.
- 김덕용, KMW 사장

지금도 철칙으로 지키고 있는, '잠자는 시간을 줄여서 책을 읽어라'라는 가르침은 내 인생을 변화시킨 결정적인 가르침입니다.
- 김양평, 세계 최고, 최대의 라미네이팅 업체 (주)GMP 사장

집안 사정으로 5년간 막노동에 생선장사를 하면서도 영화를 잊고 산 적이 없습니다. 하루에 두세 시간만 자면서 영화관련 전공서적을 읽었고 좋은 영화는 100번씩 보았습니다.
- 김용화, 영화 〈오! 브라더스〉 감독

대부분의 사람들이 억대 연봉의 '억'자를 부러워하지만 그들이 하루에 4~5시간만 자고 바쁜 시간을 쪼개서 한 달에 두세 권 이상의 책을 읽는다는 것에는 관심이 없습니다.
- 한석희, 헤럴드 경제 기자

남 잘 때 자고 남 놀 때 같이 놀면 어떻게 남보다 더 많이 성취할 수 있겠습니까? 나는 하루 네 시간 자고 나머지 시간은 전부 일합니다. 그리고 일요일이든 휴일이든 쉬어 본 적이 없습니다.
- 오용환, 롯데월드 사장

결국은 정신력의 문제입니다. 일에 미쳐야 하고 24시간 일한 끝에 1, 2분간 휴식하는 상쾌함을 깨달아야 합니다. 이것은 한국인이라면 누구나 가진 저력입니다.
- 송호근, YG-1(공구 시장 점유율 세계 1위의 공구업체) 사장

매일 아침 일어나서 명상수련을 할 때 수시로 'SK를 세계적인 기업으로 만들고 말겠다'고 되뇌이면서 의지를 다지고 있습니다. 잠은 하루 평균 4~5시간 정도 자는데 마음 같아서는 3시간만 자고 일할 수 있었으면 더 없이 좋겠습니다.
- 손길승 SK그룹 회장. (현대경영 1998 12월호)

나는 작품을 쓸 때 하루 세 시간 이상 자본 적이 한 번도 없습니다. 잠을 참고 참았다가 마지막 순간에 잠자리에 들어 한두 시간 후에 일어나는 훈련을 서너 달만 해보십시오. 그러면 잠을 적게 잘 수 있습니다.
- 이외수, 소설가

네 일에 목숨을 걸어라

꿈의 나라 '스위스'의 힘

1792년 프랑스 파리 튈르리 궁, 부르봉 왕가의 자존심인 루이 16세의 처소를 지키는 수비병들의 탈영이 잇달아 계속되고 있었습니다. 바스티유 감옥 습격을 시작으로 불이 붙은 시민군의 공격이 곧 있으면 루이 16세의 궁전으로 향한다는 첩보가 입수되었기 때문이었습니다.

시민군의 공격이 시작되면 튈르리 궁은 단 하루도 못 버티고 함락될 것이 자명했습니다. 무능한 전제군주의 표본인 루이 16세는 자신의 궁전을 사치와 향락의 공간으로만 만들어 놓았을 뿐 수비나 전투에 필요한 시설물이라고는 어느 것 하나 만들어 놓지 않았기 때문이었습니다.

궁이 함락되면 궁전 수비병들의 목숨 또한 보장할 수 없는 것이었습니다. 국왕마저 사형시키라며 목소리를 높이고 있는 판국에 국민의 혈세를 빨아먹고 사는 전제군주의 개들이라는 비난을 받고 있는 궁전 수비병들을 살려둘 이유가 만무했기 때문이었습니다.

이런 상황에서, 국왕에 대한 충성심보다는 돈 때문에 고용된 외국 용병들이 대부분인 궁전 수비병들로서는 기회만 있으면 궁전을 버리고 달아나는 것은 지극히 당연한 일이었습니다.

그해 8월, 마침내 시민군의 공격이 시작되었습니다. 수만 명에 달하는 프랑스 시민군이 튈르리 궁을 향해 노도처럼 밀어닥쳤고, 겁에 질린 수비병들은 너나 할 것 없이 무기를 내던지고 달아났습니다.

그 때였습니다. 무인지경을 달리듯 파죽지세로 궁을 점령해 나가는 시민군 앞에 800여 명의 궁전 수비병들이 나타났습니다. 부르봉 왕가의 상징인 백합꽃이 그려진 방패를 들고 같은 상징이 새겨진 갑옷을 입은 스위스 용병들이었습니다.

"우리가 원하는 것은 스위스 용병의 목숨이 아니라 루이 16세의 목숨이다. 썩 길을 비켜라!"며 호통을 치는 시민군 대장에게 스위스 용병대장은 담담한 어조로 대답했습니다.

"우리의 임무는 국왕을 지키는 것이오. 절대로 비켜설 수 없소."

"왜 이렇게 어리석은가? 남의 나라 국왕을 위해서 목숨을 버리겠다는 말인가? 국왕이 체포되면 그대들은 어차피 급료를 못 받게 된다. 용병인 그대들이 국왕을 지켜야 할 이유가 사라지게 되는 것이다. 그러니 물러나라!"

시민군 대장의 설득이 다시 한 번 이어졌습니다. 그러나 스위스 용병들의 대답은 한결같았습니다.

"우리는 루이 16세와 계약을 맺고 그를 지켜주기로 했소. 사정이 달라졌다고 해서 그를 버릴 수는 없소."

시민군의 계속된 설득에도 불구하고 스위스 수비병들이 끝까지 루이 16세를 지키겠다며 버티자 시민군은 스위스 용병을 U자형으로 둘러쌌습니다. 그리고 창검을 던지기 시작했습니다. 그러나 스위스 수비병들은 누구 하나 도망가지도 않았고 항복하지도 않았습니다. 빗발처럼 쏟아지는 창검을 온몸으로 맞으면서 그저 묵묵히 루이 16세의 처소를 지킬 뿐이었습니다.

그로부터 약 28년이 지난 1820년, 몰락한 프랑스 국왕과의 약속을 지키기 위해 목숨을 버린 스위스 용병들의 이야기는 덴마크의 조각가 토루바프센에 의해 스위스 루체른에 있는 빙하공원 옆의 거대한 암벽에 〈빈사의 사자상〉이라는 제목으로 조각됨으로써 세상에 널리 알려지게 되었습니다.

국민 총인구가 서울시 인구의 절반인 600여만 명에 불과한 나라.

국토의 크기가 대한민국의 절반에도 미치지 못하는 나라.

국어가 4개나 돼서 국민들간에 서로 말이 통하지 않는 나라.

유럽 최강대국인 오스트리아, 이탈리아, 프랑스, 독일에 빙 둘러싸여 천년 가까이 지내온 나라.

그럼에도 불구하고……….

천여 년에 걸친 유럽 강대국들과의 전쟁에서 98%의 승률로 승리한 나라.

1차 대전 동안 어떤 나라의 침략도 허용하지 않은 나라.

2차 대전을 일으킨 독일의 히틀러조차 침공을 포기하게끔 만든 나라.

세계에서 국민소득이 가장 높은 나라.

오늘날 세계인들로부터 '꿈의 나라'라는 칭송을 받는 강소국強小國 스위스의 힘은 바로 위와 같은 '필사必死의 정신'으로부터 비롯되었던 것입니다.

일에 목숨을 거는 사람만이 성공한다

김규환

대우 중공업에 입사해 목숨을 걸고 일하고 공부했습니다. 그 결과, 공장 보조였던 그는 대한민국 품질관리 명장이 되었고, 초등학교 졸업이 전부였던 학력은 창원기능대학 수석 졸업으로 변하게 되었습니다.

김정문

의욕적으로 시작한 알로에 사업이 1억 5천만 원의 부도를 내고 쓰러지자, 목숨을 걸고 뛰어들어 회사를 매출액 수백억 원에 달하는 (주)김정문 알로에로 회생시켰습니다.

박형미

IMF를 맞아 부도를 내고 무너져 가던 화진 화장품의 재기를 위해 목숨을 걸고 매달린 결과, 회사를 대형점포 115개, 직원 5만여 명을 거느린 대형화장품 회사로 재건시켰고, 방문 판매사원이었던 그녀는 일약 부회장으로 승진하게 되었습니다.

손지애

목숨을 걸고 영어 공부에 매달린 결과, 영어 좀 하는 수많은 사람들 중의 한 명에 불과했던 그녀는 뉴욕 타임스 현지기자가 되었고, CNN 서울 지국장이 되었습니다.

이종문

"하는 일마다 목숨을 걸고 도전한다"는 정신으로 임한 결과, 미국 시내를 돈 한푼 없이 떠돌아 다니던 처지에서, 샌프란시스코에 '종문 리 아시아 문화센터'를 세울 정도로 성공한 사업가가 되었습니다.

조중훈

한국 수송 산업의 발전을 위해 목숨을 걸고 뛰어든 결과, 트럭 한 대로 시작한 '한진'을 세계 10대 물류 수송 기업으로 키워냈습니다.

오카노 마사유키

'일은 목숨을 걸고 하는 것이다'는 철학을 정립시키고 행동에 옮긴 결과, 청년시절 아버지로부터 '넌 도대체 뭐하는 놈이냐?'는 꾸지람을 듣고 살던 처지에서, 미 국방부와 NASA로부터 스텔스 전투기, 우주 왕복선의 부속품 제작을 의뢰받는 세계 최고의 하이테크 기술자가 되었습니다.

테무친

공격시에는 무조건 최선방에 섰습니다. 후퇴할 때는 항상 대열의 맨 꼬리에 남아 병사들의 안전을 도모했습니다. 젊은 시절 침략자들에게 아내를 빼앗기고 도주해야 했던 무능하기 이를 데 없었던 족장 테무친은 그렇게 매 전투마다 목숨을 걸고 임한 결과 칭기즈 칸이 되었습니다.

대한민국 최고들이 공통적으로 내뱉은 말

쌀 가게 점원에서 세계적인 재벌로 성장한 고 정주영.

유럽왕립지리학회가 세계적인 탐험가로 인정한 허영호.

여성 최초로 생명보험회사 부사장 자리에 오른 손병옥.

세계적인 컴퓨터 보안업체 '안철수 연구소' 사장 안철수.

빌 게이츠와 어깨를 나란히 하는 세계 컴퓨터 업계의 절대 강자 손정의.

한국문학의 금자탑인 '태백산맥' 의 소설가 조정래.

세계인의 영혼을 감동시킨 토종 예술인 김덕수 사물놀이패.

세계적인 바이올리니스트 정경화.

깐느를 감동시킨 대한민국 최고 배우 최민식.

박찬호가 유일하게 투구 폼의 지도를 부탁한 전LG 감독 김성근.

대한민국 법조계 인사들이 가장 존경한다는 법률인 심재륜.

세계 바둑의 절대강자 조훈현 9단.

……명실공히 각계 최고의 자리를 차지하고 있는 이 사람들의 언론과

의 인터뷰에서 공통적으로 내뱉은 말이 하나 있습니다.

그것은 "나는 내 일에 목숨을 건다"는 것이었습니다.

생각해 봅시다

죽을 각오로 최선을 다하면 반드시 길이 열립니다.
– 강석준, 이코바이오 사장
  자살을 기도하던 처지에서 연매출 50억원 대의 환경기업 사장으로 변신하게 된 비결에 대해

여기서 물러나면 죽음밖에 없다는 절박한 심정으로 가게를 차렸고, '어떻게 하면 남들과 차별화된 닭요리를 만들 수 있을까?'를 매일 밤 목숨을 걸고 고민했습니다.
– 권원강, 교촌치킨 사장

아르바이트 첫날, 이사에서 미래를 보았습니다. 그래서 바로 이삿짐 업체에 들어갔습니다. 그때 제가 했던 선택은 단순한 취직이 아니었습니다. 저는 이사에 투신했습니다. 한마디로 이사와 목숨을 건 싸움을 시작했던 것입니다.
– 박해돈, 국내 최고의 포장 이사업체 KGB 창업자

목숨을 걸었습니다. 당시 포철 초창기 멤버들은, 만일 실패한다면 전원 우향우해서 동해 앞바다에 빠져 죽는다는 맹세를 하고 포철 건설에 뛰어들었습니다.
– 박태준,
  1인당 국민소득 160달러밖에 안 되는 나라에서 어떻게 세계 최고의 제철소를 지을 수 있었느냐는 질문을 받고

나는 주유소 영업사원으로 일하고 받은 퇴직금 200만 원으로 10평짜리 소외양간을 공장으로 개조해 사업을 시작했고, 그 일에 목숨을 걸었습니다. 그 결과 반도체 검사카드 분야에서 지속적으로 세계 최고 기록을 갱신해갈 수 있었고, 회사를 200억 원 규모의 중견 기업으로 키워낼 수 있었습니다.
- 이억기, 파이컴(구 평창 하이테크)사장.

걸프전이 한창이던 91년, 우리는 목숨을 걸고 프랑스로 A/S 출장을 갔습니다. 그렇게 우리는 케이디이컴 자체 브랜드로 세계 35개국에 지사와 대리점을 세웠습니다.
- 윤학범, 케이디이컴(KDE)사장

한 번 일을 시작하면 생명을 걸고 끝장을 보지 않으면 맘이 편치 않습니다.
- 조병수, 경남기업 사장
    99년 워크아웃에 들어간 경남기업을 3년만에 워크아웃을 졸업시킴

나는 아파트 베란다에서 던지려 했던, 목포 앞바다에서 빠져 죽고자 했던 몸을 일에 던져서 성공했습니다. 노력하지 않는 사람은 언제 죽고 싶은 생각이 드는 상황에 처할지 모릅니다. 그러기 전에 목숨을 걸고 노력하십시오. 지금 당장 그렇게 하십시오.
- 한규용, 겨레가온데 대표이사
    처가집에서 빌린 돈 800만 원으로 시작한 사업을 5년만에 가맹점만 220여 개에 이르는 사업체로 키워낸 비결에 대해

제3부
실패를 즐겨라

실패를 즐기는 사람,
실패 때문에 힘들어하는 사람

자수성가한 성공자 20,000명의 공통점

지금으로부터 100여 년 전, 나폴레온 힐이라는 사람이 강철왕 카네기로부터 다음과 같은 제인을 받았습니다.

"힐 씨, 내가 보기에 이 세상에는 두 부류의 사람들이 존재하는 것 같습니다. 한 부류는 삶에 두려움을 가진 사람들입니다. 그들은 평생 패배자적 사고방식으로 살아갑니다. 그들은 늘 시간에 쫓기고 돈에 지배당합니다. 그들의 가슴 속은 울화로 가득 차 있고 생활은 정돈되어 있지 않습니다. 반면 또 한 부류는 삶에 자신감을 가진 사람들입니다. 그들은 나날이 성장하는 삶을 살아갑니다. 그들은 감사로 하루를 시작하고 기쁨에 찬 하루를 보냅니다. 다른 누구와 마찬가지로 그들 역시 삶의 고달픔과 대인관계의 어려움을 매일 겪습니다. 하지만 그들은 거기에 매몰되지 않고 도리어 그것들을 딛고 더 넓은 세계로 나아갑니다.

그런데 특이한 것은 이 두 부류의 사람들이 한때는 같은 처지에 있었던 사람들이라는 것입니다. 힐 씨, 나는 후자의 성공비결을 밝히고 싶습니다. 그들의 공통점을 찾아내서 세상에 널리 알리고 싶습니다. 만일 당신이 이 일을 맡아 주신다면 모든 경비는 제가 내겠습니다. 비용이 얼마가 들든, 몇 년 혹은 몇십 년이 걸리든 상관하지 않겠습니다. 어떻습니까? 저의 제안을 받아 주시겠습니까?"

카네기의 제안을 받아들인 힐은 그 날부터 사회 각 분야의 성공자들을 만나 그들의 성공비결을 연구하게 됩니다. 그가 조사한 사람들은 단순한 출세자들이 아니었습니다. 삶의 정도正道를 추구해서 꿈을 이룬 진정한 의미의 성공자들이었습니다.

돈도, 집안배경도, 학벌도 보잘것없는 그야말로 밑바닥에서 시작해서 정상의 자리에 오른 사람 20,000명을 대상으로 한 그의 연구는 무려 25년에 걸쳐 이루어졌습니다.

힐의 연구에 따르면, 나날이 성장하는 삶을 사는 사람들의 가장 큰 공통점은 실패를 받아들이는 마음 자세에 있었다고 합니다. 하나의 일이 실패할 때, 그것을 인생의 실패로 확대하지 않고, 오히려 성공의 전조前兆로 받아들이면서 꿈을 향해 더욱 힘차게 나아간 하루하루의 생활태도에 있었다고 합니다.

실패를 즐긴 사람, 실패 때문에 힘들어 한 사람

지금으로부터 약 20여 년 전, 캐나다 토론토에는 틈만 나면 신인 배우 오디션 장을 쫓아다니는 두 청년이 있었습니다. 영화배우를 뽑는다는 공고가 붙을 때마다 두 사람은 만반의 준비를 갖추고 오디션 장으로 향했습니다.

그러나 두 사람은 한 번도 주인공으로 뽑히지 못했습니다. "훌륭해! 아주 훌륭해! 하지만 주인공은 내년에 다시 도전해 보게"라는 말과 함께 친구1, 살인 청부업자, 키 큰 사내 같은 단역이 주어질 뿐이었습니다. 그 생활이 몇 년 간 계속되었습니다.

같은 상황에 대해 두 사람은 서로 다르게 반응했습니다.

한 청년은 긍정적으로 반응했습니다. '그래, 이번에도 3류 코미디물에 출연해서 바보 같은 역할만 했군. 하지만 뭐 괜찮아. 난 오늘 그만큼 영화공부를 한 셈이니까. 그리고 또 내가 언제 이런 역할을 해보겠어. 괜찮아. 괜찮아. 나는 잘하고 있는 거야.' 그는 늘 이런 식으로 자신을 다독여가며 생활했습니다.

반면 다른 청년은 부정적으로 반응했습니다. '휴~. 또 실패했군. 오디션에 또 떨어졌어. 행인, 운전사, 배달원…… 도대체 몇 년째지? 이런 하나마나한 역할만 한 게? 이런 나에게 배우로서의 미래란 게 과연 존재하기나 하는 걸까?' 그는 늘 의심과 두려움, 불안 속에서 생활했습니다.

다시 몇 년의 세월이 흘렀습니다. 의심과 두려움 속에서 생활하던 청년은 배우 지망생 생활에 환멸을 느끼고 영화판에서 소리소문 없이 사라졌습니다. 반면 적극적이고 긍정적으로 생활하던 청년은 마침내 무명의 그늘에서 벗어나 주인공으로 발탁되었고, 수많은 영화에 성공해

헐리우드를 대표하는 세계적인 배우, 키아누 리브스가 되었습니다.

당신이 인정하지 않는 한 세상에 실패란 없다

원칙론적으로 따진다면 실패란 존재하지 않는 것입니다. 어떤 사람에게는 실패인 것이 다른 사람에게는 경험이며, 누구에게는 끝장인 일이 다른 누구에게는 새로운 도전이기 때문입니다. 하지만 한편으로 실패란 분명히 존재하는 것입니다. 그것은 우리 삶의 어두운 그림자와 같은 것으로 인간의 믿음과 행동을 제한하며, 사람의 꿈을 바스러뜨리는 것입니다.

실패가 존재하지 않는 것이면서 존재하는 것이 될 수 있는 까닭은, 실패의 존재근거가 현실세계가 아닌 마음세계에 있기 때문입니다. 실패란 우리에게 일어난 어떤 부정적인 사건 그 자체가 아니라 부정적인 사건에 부정적으로 반응하는 우리 자신의 패배의식, 바로 그것이기 때문입니다.

사람은 누구나 살아가면서 여러 가지 크고 작은 부정적인 사건을 만나게 됩니다. 그 중의 어떤 것은 심장이 오그라들 정도의 고통을 동반하기도 하고, 또 어떤 것은 그만 삶을 포기해 버리고 싶은 마음이 들게끔 하기도 합니다. 하지만 중요한 것은 그 모든 것이 실패가 아니라는 것입니다. 그것들은 단지 하나의 사건에 불과하다는 것입니다. 우리가 부정적으로 반응할 때라야 비로소 그것들은 실패가 된다는 것입니다.

언제나 그랬듯이 부정적인 사건들은 앞으로도 끊임없이 우리 삶에 밀려들 것입니다. 우리가 긍정적으로 반응하면 그것들은 우리의 꿈을 이루어 주는 하나의 든든한 발판이 될 것입니다. 아무런 반응을 보이지 않으면 우리를 그냥 스쳐가는 하나의 사건이 될 것입니다. 부정적으로 반응하면 우리의 인생을 좌초시키는 하나의 암초가 될 것입니다. 실패란, 우리 자신의 마음이 빚어내는 삶의 결과물인 까닭입니다.

사람은 실패한 만큼 성공한다

세상엔 희한한 법칙이 하나 있습니다.

그것은 사람은 실패한 만큼 성공한다는 것입니다.

그리고 실패를 많이 할수록 성공 또한 많이 하게 되고, 실패의 골이 깊을수록 성공의 탑 역시 높아진다는 것입니다.

다음 사람들이 이 법칙을 증명하고 있습니다.

나훈아
레코드 취입곡 2,447곡이 히트하지 못했습니다.

도스토예프스키
20년 넘게 글을 써 온 40대 중반까지도 평론가들로부터 '너저분하게 쌓인 잡동사니 같은 글만 쓴다' 는 평가를 받았습니다.

류시화

번역 출판물의 80~90%가 초판도 팔리지 않았습니다.

마이클 조던

NBA선수 시절, 9,000번의 슛을 실패했고 300회의 경기에서 패배했습니다.

베이브 루스

삼진 아웃만 1,330번을 당했습니다.

월트 디즈니

필생의 혼을 담아 '디즈니랜드 설립 계획서'를 만들었지만 320여 곳의 은행 및 투자회사들로부터 '실현 가망성이 없다'는 판정을 받았습니다.

에디슨

51세에 축전지 발명을 시작해 57세까지 30,000번의 실패를 겪었습니다. 에디슨은 거기서 다시 5년을 더 도전해 축전지를 발명했습니다.

존 템플턴

투자한 주식의 3분의 1이 이익을 내지 못했습니다.

폰 브라운

65,000번의 실패 끝에 로켓을 개발했습니다.

프로이트

새로운 이론을 발표할 때마다 의학계로부터 '쓰레기 같은 이론이다' '저질 의사의 정신병적인 망상이다'는 혹평을 받았습니다. 그런 처참한 평가를 무려 20여 년 동안 받았습니다.

하워드 슐츠

커피전문점 '스타벅스'의 사업 계획서를 들고 투자자들을 찾았다가 217명으로부터 투자 거절을 받았습니다.

히포크라테스

치료한 환자의 절반 이상이 병으로 사망했습니다.

생각해 봅시다 I

- 1973년, 이열이라는 이름의 청년이 씁쓸한 얼굴로 한 출판사의 정문을 나서고 있었습니다. 신춘문예 탈락에 이어 출판사에 직접 투고한 원고마저 거절당한 순간이었습니다. 4년 후 그는 자신의 이름을 바꾸게 되는데, 그가 새로 바꾼 이름은 '이문열'이었습니다.

- 1986년, 40대 중반의 한 사업가가 우울한 얼굴로 미 전역을 방랑하고 있었습니다. 국가적 차원의 대사업에 실패한 뒤 무려 5년간이나 국외를 떠돌아야 했던 그 사업가의 이름은 이건희였습니다.

- 1989년 겨울, 초췌한 표정의 한 젊은이가 인근 가게에서 차비를 빌려 대전행 열차에 몸을 실었습니다. 5년간의 무명세월을 청산하고자 마지막이라는 심정으로 선택한 서울 진출이 처참한 실패로 돌아간 순간이었습니다. 그 젊은이의 이름은 신승훈이었습니다.

- 1992년 충무로, 30대 초반의 한 영화감독이 아침부터 안주도 없이 소주를 들이켜고 있었습니다. 계속적인 흥행실패라는 뼈아픈 현실을 맨정신으로는 도무지 받아들일 수 없었던 그 감독의 이름은 강우석이었습니다.

- 지금으로부터 약 20여 년 전, 한 학생이 학교에 자퇴서를 제출하고 있었습니다. 몇 년 뒤 어찌 어찌해서 겨우 대학에 입학한 그 학생은 이번에는 유급될 위기에 처해 재시험을 치르고 있었습니다. 학교 공부를 도저히 따라갈 수 없어 수 차례 자퇴를 하고, 영어성적이 나빠 재시험을 치러야 했던 그 학생의 이름은 리양이었습니다.

● 1969년 3월, 한 회사의 사장은 세계은행(IBRD)으로부터 다음과 같은 내용의 편지를 받았습니다. "우리는 지난 3년간 귀사의 프로젝트를 면밀히 검토하였습니다. 검토 결과, 귀사의 프로젝트는 절대적으로 실현 불가능하며 경제적 타당성도 전혀 없는 것으로 판명되었습니다. 귀사의 융자신청을 거절하게 됨을 유감스럽게 생각하는 바입니다." 얼마 안 있어 미국, 영국, 서독, 프랑스, 이탈리아 등 서방 각국의 은행 및 정부로부터 같은 내용의 편지가 전달되었습니다. 편지를 받은 사람은 박태준, 그가 추진했던 프로젝트는 '포항제철 건설'이었습니다.

생각해 봅시다 II

등소평
실각하고 화장실 청소부로 살아야 했던 시절이 있었습니다.

고 정주영 회장
사업 적자로 인한 빚을 갚느라 10여 년간 매일 허리가 휘도록 일을 해야 했던 시기가 있었습니다.

김홍국((주)하림 창업자)
빚쟁이들을 피해 돼지막사에서 살면서 하루에도 수십 번씩 절망과 희망 사이를 오가며 '앞으로 어떻게 살아야 하나?'를 고민하던 시절이 있었습니다.

성신제(성신제 피자 사장)
사업실패에 배신까지 당하고 투신자살을 하기 위해 강남역 사거리에 위치한 16층짜리 빌딩 위에 올라가야 했던 날이 있었습니다.

이원복 교수(먼나라 이웃나라 저자)
학비조달을 위해 일본만화를 그대로 베껴서 팔아야 했던 시절이 있었습니다.

임권택 감독
잘 나가는 여배우 앞에서 '버릇없다'는 훈계를 들으면서 무릎 꿇고 뺨을 맞아야 했던 시절이 있었습니다.

엘지전자(금성사)
3년 연속 적자로 직원들 식사비도 제대로 지급하지 못해 주변 식당들로부터 '외상사절' 통보를 받아야만 했던 시절이 있었습니다.

박세리
게임 예선에도 통과하지 못하고 벤치에 앉아 선배 선수들의 경기를 지켜봐야 했던 시절이 있었습니다.

서태지
선배 가수로부터 '너는 (가수로서의)필이 똥이다'라는 참혹한 핀잔을 들어야 했던 시절이 있었습니다.

정수용 (빙그레 사장)
믿었던 직장으로부터 해고당하고 앞길이 너무도 막막한 나머지 술만 마셔대야 했던 시절이 있었습니다.

오히려 실패를 축복하라

개미는 태어나서 죽을 때까지 가로와 세로로 이루어진 이차원의 세계만 보다 갑니다. 높이가 있는 삼차원의 세계가 존재한다는 것은 상상조차 하지 못합니다. 사람 역시 마찬가지입니다. 실패가 두려워 시도조차 못하는 사람, 실패를 딛고 일어나지 못하는 사람은 평생 패배자의 세계에서 살다 갑니다. 자기 머리 바로 위에 빛나는 성공의 세계가 존재한다는 것은 상상조차 하지 못합니다.

몸을 헐어 피로써 울며……

1597년 어느 날 이순신 장군은 송사宋史를 읽게 되었습니다. 책 속에서 장군은 송나라의 충신 이강李綱(송에 침입한 금나라에 맞서 싸울 것을 주장하다가 화친을 주장한 신하들의 모함을 받게되자 은둔함)의 이야기를 접하고 다음과 같이 탄식했습니다.

"어허! 이 때가 어느 때인데 저 강綱은 가려고 하는가. ……종사의 위태함이 마치 터럭 한 가닥으로 천만 근을 달아올림 같아 신하된 자는 몸을 버려 나라의 은혜를 갚을 때인데 이어서 간다는 말은 진실로 마음에 생각도 내지 못할 말이거늘……. 내가 강綱이라면 나는 어떻게 할까. 몸을 헐어 피로써 울며, 간담을 열어 젖히고서…… 화친할 수 없음을 밝혀서 말할 것이오. 아무리 말하여도 그대로 되지 않는다면 거기 이어 죽을 것이오. 또 그렇지도 못한다면, 짐짓 화친하려는 계획을 따라 몸을 그 속에 던져 온갖 일에 낱낱이 꾸려가며, 죽음 속에서 살길을 구한다면, 혹시 만에 하나라도 나라를 건질 도리가 있게 될 것이어늘……."

임금과 조정의 살해위협, 14만여 명으로 늘어난 적군, 믿었던 조선 수군의 궤멸, 어머니와 아들의 죽음이라는 사면초가에 처한 장군이, 하루에도 수십 번씩 자신을 향해 내뱉었던 물음은, '어쩌다가 내가 이렇게 되었는가?' 가 아니라 '이 절체절명의 위기를 극복할 수 있는 최상의 방법은 무엇인가?' 였습니다.[12]

나는 꿈 속에서 승천하는 용을 보네

1943년 어느 날 호치민은 중국의 한 지하감옥에서 다음과 같이 읊었습니다.

"夢見乘龍天上去, 내 꿈 속에서 나는 하늘로 승천하는 한 마리 용을 보네."

같이 투옥된 중국인이 바로 옆에서 얼어죽고 자신도 반쯤 얼어죽어 가는 극한의 상황 속에서 53세의 호치민이 그의 온 마음을 기울여 생각하고 또 생각했던 것은, '이제 나는 끝장이구나' 가 아니라 '어떻게

---

12) 정유년 일기에 나와 있는 이 대목은 날짜가 기록되어 있지 않다.
　　글의 흐름을 위해 작가가 임의로 재구성했음을 밝힌다.

하면 용이 되어 하늘로 오를 수 있는가?' 였습니다.

벌의 독침 같은 카운터 펀치를 날리려면……

1990년 2월 11일, 석방되는 만델라를 보도하기 위해 프레토리아 중앙 형무소를 찾은 국제 기자단은 그가 죄수 생활을 했던 독방 벽에 복싱선수 무하마드 알리의 사진이 붙어 있는 것을 보게 되었습니다.

"하고많은 사람 중에 왜 하필 무하마드 알리의 사진을 붙여 놓으신 겁니까?"라고 묻는 기자들에게 만델라는 웃으면서 이렇게 대답했습니다.

"나비처럼 날아 벌처럼 쏘는 그의 전략을 연구하기 위해서였습니다."
매일 하루 8시간을 해머로 바위를 부수거나 얼어붙은 바다 속으로 잠수해 해초를 따는 따위의 중노동으로 소비하고, 나머지 16시간은 1평도 되지 않는 회색 콘크리트 독방에 갇혀 사는 생활을 무려 27년이나 계속해야 했던 만델라가 매일 그의 온 힘을 쥐어짜 가면서 매달렸던 문제는 '죽음보다 못한 이 삶은 대체 언제쯤 끝나려나?' 가 아니라 '이 가혹한 운명에게 벌의 독침 같은 카운터 펀치를 날리려면 어떻게 해야 하는가?' 였습니다.

오히려 실패를 축복하라

사람은 누구나 실패를 합니다. 그런데 사소한 실패 앞에서도 어이없이 무너져 다시는 일어나지 못하는 사람이 있는가 하면, 현실직으로 완벽하게 끝장난 상황, 다시는 일어설 수 없는 절망의 나락으로 떨어지고도 불사조처럼 날아올라 꿈의 세계로 비상하는 사람이 있습니다.
전자가 실패 앞에서 자신의 마음을 지키지 못한 사람이라면 후자는 강철 같은 의지로 마음을 단속하고 지킨 사람입니다.
전자가 '어떤 조건하에서도 꿈은 이루어진다' 는 진리를 다만 한때의 감정으로 믿은 사람이라면 후자는 그 진리를 영혼으로 믿은 사람입니다.
세계사적으로 보면 충무공 못지않은 전적戰績을 이루고도 주변 사람들의 모함이나 정치적 모략의 희생양이 되어 정상의 자리에서 삽시간에 밑바닥으로 내팽개쳐진 군인들이 많습니다. 그러나 충무공처럼 그 모든 실패를 딛고 역사책 위에 불멸의 별로 남은 사람은 찾아보기 힘듭니다.

호치민과 만델라의 경우도 마찬가지입니다. 자신의 정치적 신념을 지키기 위해 셀 수도 없이 많은 날을 감옥에서 보내고 평생을 살해위협에 시달린 사람들은 많지만 호치민과 만델라처럼 민족의 운명과 세계사의 흐름을 바꾼 사람은 찾아보기 힘듭니다.

그리고 위의 세 사람처럼 자신이 단순한 인생의 실패를 넘어 생명의 실패에 직면해 있다는 사실을 뻔히 알면서도 두려워하기는커녕, '이 상황에서 어떻게 하면 꿈을 이룰 수 있는가?' 라는 문제에만 온 정신을 집중하고 있었던 사람 역시 찾아보기 어렵습니다.

'실패 앞에서 우리는 어떻게 해야 하는가?' 라는 질문에 대한 완벽한 답이 바로 여기에 있습니다. 그것은 어떤 비참한 실패 앞에서도 '꿈은 반드시 이루어진다' 는 진리를 확신하면서 '이 상황에서 어떻게 하면 내 꿈을 이룰 수 있는가?' 만 생각해야 한다는 것입니다.

여태껏 쌓아온 모든 것이 거짓말처럼 무너지고, 친구도 연인도 떠나고, 남은 거라곤 사람들의 냉대와 재앙에 가까운 경제적 고통과 두 무릎이 후들거리게 하는 절망감뿐이어도 오히려 실패를 축복하고, '이건 내 꿈의 완성을 위해 기꺼이 치러야 하는 하나의 필연적인 과정일 뿐이다' 라고 단언하면서 한 걸음 한 걸음 꿈을 향해 나가야 한다는 것입니다.

그렇게 간절하게 꿈을 믿는 마음으로 쓰디쓴 현실도 녹이고, 밑도 끝도 없는 좌절감도 녹이고, 한없는 슬픔도 녹이면서 자기 인생에 빛나는 기적 하나를 창조해야 한다는 것입니다.

 꿈의 항해를 하든 하지 않든 삶이라는 대양 위에 하나의 조각배로 내던져진 인간은 누구를 막론하고 반드시 실패라는 폭풍을 만나게 되어 있습니다.

 배를 그대로 삼켜버릴 것 같은 파도가 밀려오고 바다조차도 찢어버릴 것 같은 뇌우가 쏟아지는 그 폭풍의 시간대에 우리는 '이젠 끝'이라고 믿으면서 키를 포기해 버릴 수도 있고, '끝까지 견디면 이긴다'라고 믿으면서 끝까지 키를 붙들 수도 있습니다.

 무엇을 선택하든 우리는 자신이 믿었던 것을 보게 될 것입니다.

넘어진 사람아,
활짝 웃는 얼굴로 벌떡 일어서라!

세상에서 가장 무모했던 사람의 결말

1831년 사업실패, 1832년 의원 선거 낙선, 1833년 사업실패, 1835년 약혼녀 사망, 1836년 신경쇠약에 걸림, 1838년 대변인 선거 낙선, 1840년 선거인단 선거 낙선, 1843년 하원의원 선거 낙선, 1848년 하원의원 선거 낙선, 1855년 상원의원 선거 낙선, 1856년 부통령 선거 낙선, 1858년 상원 의원 선거 낙선.

부자도…… 학벌이 좋지도…… 집안 배경이 좋지도…… 인물이 좋지도…… 능력이 좋지도 않았던 지극히 평범했던, 아니 평균에도 한참

못 미치는 환경에 처해 있었던 에이브러햄 링컨이 가졌던 유일한 재능은 넘어질 때마다 다시 벌떡 일어나 꿈을 향해 달리는 것이었습니다.

그 무모한 도전정신의 일환으로 링컨은 상원의원에 낙선한 지 2년만인 1860년 대통령에 도전했고 마침내 그해 11월, 지난 30여 년간 자신을 괴롭혀 온 그 모든 실패가 위대한 성공으로 변하는 순간을 맞이하게 되었습니다.

꿈의 완성으로 가는 오십 개의 계단

1962년 1월 1일, 한 무명밴드가 첫 오디션 기회를 잡게 되었습니다. 너무도 벼르고 별러 왔던 순간인지라 그들은 그야말로 혼신의 힘을 다해 오디션에 임했습니다.

그러나 프로듀서들의 평가는 참담하기 이를 데 없는 것이었습니다.

"무슨 노래를 부르는 건지 모르겠다." "시대에 한참 뒤떨어진 노래다." "대체 누가 자네들의 노래를 돈을 주고 듣겠는가?"

프로듀서들의 무시와 냉대 속에 쫓기듯 오디션장을 떠나 합숙소로 돌아온 다섯 청년들은 짐을 풀고 한자리에 모였습니다.

그런데 이상하게도 누구 한 사람 실망한 기색을 보이는 사람이 없었습니다. 누구 한 사람 기가 꺾인 사람이 없었습니다. 아니 오히려 다들 오디션을 받기 전보다 더 뜨거워져 있었습니다. 두 눈이 더욱 빛나고 있었습니다. 그리고 마치 약속이나 한 듯이 전부 악기를 들고 있었습니다.

그날 밤, 다섯 청년은 잠시도 지체하지 않고 곧바로 연습에 들어갔습니다. 그들의 연주는 언제나 그랬듯이 새벽이 올 때까지 계속되었고, 연주에 몰입한 그들의 표정은 마치 천사처럼 행복해 보였습니다.

그 뒤로도 무려 마흔아홉 번의 오디션에서 탈락이라는 쓴잔을 마셔야 했던 이 무명 밴드는 그렇게 실패할 때마다 오히려 꿈을 향해 더 힘차게 달림으로써 전설의 록밴드 '비틀스'가 되었습니다.

비틀스에게 있어서 오십 번의 오디션 탈락은 오십 번의 실패가 아니라 꿈의 완성으로 가는 오십 개의 계단이었습니다.

활짝 웃는 얼굴로 벌떡 일어나라

실패 앞에서 우리가 취해야 할 유일한 행동이 있다면 그것은 실패를 딛고 다시 벌떡 일어서는 일입니다. 자기 안에서 피어나는 온갖 부정적인 생각, 두려움, 의심을 훌훌 털어버리고 다시 꿈을 향해 달려가는 일입니다.

많은 사람들이 실패를 오해하고 있습니다. 마땅히 환영해야 하고, 당연히 즐겨야 하며, 고마운 교훈으로 받아들여야 할 실패를 절대로 해서는 안 되는 그 무엇, 하면 인생이 파멸하는 그 무엇으로 생각하고 있는 것입니다.

이런 사람들은 현재의 자신이 어떻게 해서 만들어졌는지를 망각해 버린 사람들입니다. 다만 한 명의 아기에 불과했던 자신이 어떤 길을 밟아 오늘의 자기가 되었는지를 그만 잊어버린 사람들입니다. 만일 자신이 하늘의 별과 바다의 모래만큼이나 많은 실패를 겪지 않았더라면 읽고 쓰고 말하기는커녕 걸을 수조차 없었을 거라는 당연한 사실을 한 번도 생각해 보지 않은 사람들입니다.

어렸을 때는 실패를 전혀 두려워하지 않았던 사람들이, 실패할 때마다 끝까지 도전해 세상이 요구하는 온갖 신체적, 정신적 기술을 완벽하게 터득했던 사람들이 커가면서 점점 실패를 두려워합니다.

수없이 넘어져 본 뒤에야 완벽하게 걸을 수 있었고, 무수한 핀잔을 들은 뒤에야 부모님의 마음을 흡족하게 하는 법을 터득할 수 있었다는 간단한 진리를 망각한 채 실패 뒤에 감춰진 성공과 비난 뒤에 숨겨진

갈채는 보지 못하고 그저 넘어지는 것 자체를, 그저 사람들에게 좋지 않은 소리를 듣는 것 자체를 두려워하면서 그렇게 잔뜩 움츠러든 모습으로 평생을 초라하게 살아갑니다.

그러나 우리는 이제 다시 눈을 떠야 합니다. 몸의 중심잡기가 그랬던 것처럼, 자전거타기가 그랬던 것처럼 세상의 다른 모든 일 또한 실패를 개의치 않고 끝까지 도전하기만 한다면 거의 완전에 가까운 성공을 얻을 수 있다는 사실을 다시 믿어야 합니다.

사랑에 실패한 사람이 있습니까. 다시 새로운 사람을 만나십시오. 상상조차 하지 못했던 운명적인 사랑을 만나게 될 것입니다.

경제적으로 실패한 사람이 있습니까. 세상에 대한 두려움일랑 버리고 다시 벌떡 일어나 돈을 버십시오. 놀라운 경제적 성공을 거머쥐게 될 것입니다.

시험에, 승진에, 인간관계에 실패한 사람이 있습니까. 이미 과거가 되어버린 실패로 힘들어하지 말고 가까운 미래에 반드시 이루어질 당신의 꿈을 생각하며 새롭게 힘을 내십시오. 오늘의 실패가 빛나는 꿈의 무게를 견디지 못하고 흔적도 없이 사라지는 걸 보게 될 것입니다.

당신을 넘어뜨린 실패가 비참하기 이를 데 없는 것일수록 활짝 웃는 얼굴로 일어나 꿈을 향해 다시 힘차게 달려가십시오.

당신의 그 위대한 행동이 처참하기 이를 데 없는 당신의 실패를 별처럼 빛나는 성공으로 바꿀 것입니다.

실패 때문에
힘들어하는 사람을 위한 이야기

첫 번째 이야기
- 실패를 거울로 삼아라

　1572년 12월 일본 미카타가하라 평원, 진눈깨비가 날리는 겨울 들판 위를 평복 차림의 한 장수가 혼비백산한 얼굴로 도주하고 있었습니다. 나이 31세의 이 장수는 '난세의 거대한 맹수'라고 불리는 상대 진영의 대장군에게 도전했다가 대패배를 당한 뒤 부하들을 모두 잃고 홀로 도망치고 있는 중이었습니다. 갑작스런 패배에 얼마나 놀라고 당황했던지 그는 도주하는 중에 자기도 모르게 말안장에 배설하기까지 했습니다.

　그로부터 10여 년 후, 일본에는 '천하 제일의 명장'이라는 칭송을 받는 한 장군이 탄생합니다. 그런데 자타가 공인하는 일본 제일의 전술 전략가요, 백전백승의 영웅인 이 장군에게는 특이한 버릇이 있었습니다. 그것은 출전하기 전에 반드시 어떤 그림을 보고 심하게 얼굴을 찡 그리고 몸을 비틀며 고통에 찬 신음소리를 내뱉는 버릇이었습니다. 더 특이한 일은 그림을 쳐다보는 장군의 고통이 심하면 심할수록 거기에 비례하여 대승리를 거두는 것이었습니다.

노예보다 못한 인질 신분에서 출발하여 한 성의 주인이 되고, 한 지역의 주인이 되고, 일본 동부 패권자가 되고, 최후에는 일본 열도의 주인이 된 도쿠가와 이에야스. 그가 전투를 치르기 전에 반드시 보았던 그림은, 10여 년 전 미카타가하라 전투에서 대패배해 말안장에 배설하는 줄도 모르고 허겁지겁 도주했던 자신의 비참한 모습을 그린 그림이었습니다.

두 번째 이야기
- 당신이 꿀 수 있는 가장 큰 꿈을 꾸어라

약국의 약사로부터 '톡 쏘는 시원한 맛'을 안겨주는 음료수 제조비법을 산 사람이 있었습니다. 처음 음료수를 맛본 순간 그는 마침내 찾았다고 생각했습니다. 자신을 가난으로부터 벗어나게 해주고 부와 명예까지 안겨줄 마법의 물약을.

음료수 제조비법을 손에 들고 집으로 돌아온 그는 그날부터 두문불출 방에 틀어박혀 연구에 전념했습니다. 세월이 얼마가 흐르든 세상이 어떻게 변하든 개의치 않았습니다. 오로지 "어떻게 하면 이 '톡 쏘는 시원한 맛'을 세상에 알릴 수 있을까?"라는 문제만 생각했습니다.

그렇게 몇 년의 세월이 흘렀고 마침내 그는 자신의 전 인생을 건 작품을 완성시켜 컵에 따를 수 있었습니다.

시커먼 액체, 마시면 톡 쏘는 상큼함을 안겨주는 액체, 바로 코카콜라가 탄생하는 순간이었습니다.

감동에 젖을 틈도 없이 그가 시작한 것은 사업이었습니다. 전국에 코카콜라 병이 굴러다니게 하겠다. 전 국민이 매일 코카콜라를 마시게 하겠다는 것이 그의 포부였습니다. 사업을 준비하는 그의 눈에는 시장에 내놓기가 무섭게 날개돋친 듯 팔려나가는 코카콜라의 모습이 손에 잡힐 듯 그려졌습니다. 또 매스컴으로부터 콜라사업이 올해 최고의 유망사업으로 보도되고 그 여세에 힘입어 회사가 기업으로 성장하고 전국 방방곡곡에 코카콜라사 지점이 개설되는 광경이 그려졌습니다. 그의 열정에 힘입어 코카콜라는 출시되자마자 전국 상점에 진열되었습니다.

그로부터 일년 뒤, 그는 창고 가득 빽빽하게 쌓인 자신의 작품, 코카콜라를 보면서 뼈이픈 눈물을 흘려아 했습니다. 참혹한 실패……. 이보다 더할 수는 없었습니다. 출시 첫해 동안 팔린 콜라의 개수는 겨우 400여 개, 오늘날의 금전가치로 따진다면 고작 이십만 원 정도의 매출을 올린 것이었습니다.

시커먼 음료수 병이 가득 찬 창고에서 어깨를 들썩이며 서럽게 우는 그에게 친구들과 직원들이 다가와 위로의 말을 건넸습니다. 그러나 그는 침묵 속에서 울기만 할 뿐이었습니다. 며칠 뒤 그는 직원들을 일일이 찾아가 긴히 할 말이 있으니 내일 날이 밝으면 회사 창고로 모여달라고 부탁했습니다.

다음날 아침, 팔리지 않은 콜라가 가득 쌓여 있는 회사 창고로 입을 굳게 다문 직원들이 속속 모여들었습니다.

'그래, 이렇게 대실패를 했는데 이제 공장 문을 닫겠다는 소식이겠지. 내일부터 그만 출근해 달라는 이야기겠지.' ……다들 해고를 각오한 표정이 역력했습니다.

그런데 사장의 입에서 나온 말은 전혀 뜻밖의 말이었습니다.

"우리는 지난 일년 동안 고작 이십만 원 정도의 매출을 올렸습니다. 그러나 내가 장담합니다. 앞으로 우리는 0.1초당 이십 만원의 매출을 올리는 기업이 될 것입니다. 우리의 사업은 국내를 넘어 유럽으로, 아시아로, 아프리카로 뻗어나갈 것입니다. 우리의 사업은 마침내 전 세계를 지배하고야 말 것입니다. 오늘의 이 결론을 얻기 위해 우리는 지난 일년 동안 뛰어다녔던 것입니다. 자, 우리 사업의 목표는 정해졌습니다. 국내 1위, 세계 1위입니다."

그리고 다음날부터 그는 콜라판매에 완전히 미친 사람이 되었습니다. 콜라에 미쳐 미 전역은 물론 아시아, 아프리카, 유럽, 냉전 상황하의 소련, 어떤 기업도 진출하지 않는 오지와 극지까지 헤집고 다니며 콜라를 팔았습니다. 그리고 그가 지나간 길마다 "유엔 가입국 수보다 코카콜라 지사가 있는 국가가 더 많다." "세계는 코카콜라 식민지다." "코카콜라가 길을 뚫으면 그 뒤를 미국 대사가 따라 들어온다." 등의 말이 전설처럼 남게 되었습니다. "바로 내 혈관에는 피가 아니라 코카콜라가 흐른다"며 콜라판매에 미쳐 오늘날 지구상에서 초당 4만 개, 하루 30억 개의 코카콜라가 소비되게 만든 코카콜라사 창립자의 이야기입니다.

세 번째 이야기
- 실패를 즐겨라

CNN의 간판 프로그램 '래리 킹 라이브'를 진행하고 있는 래리 킹은 실패를 즐겁게 받아들이는 습관을 통해 세계적인 성공을 거둔 사람입니다.

무명시절 틈만 나면 방송국에 찾아가 방송중인 디스크 쟈키와 MC들을 지켜보면서 자신의 목소리가 AP와 UPI를 타고 전 세계로 전파되는 광경을 황홀한 표정으로 그려보곤 하던 어느날 그는 다짜고짜 마이애미 비치 방송국에 찾아가 대표자를 3주일이나 쫓아다닌 끝에 자신의 이름을 내건 프로그램을 맡게 됩니다.

그리고 방송 첫날, 마이애미 비치 방송국 역사상 최대의 펑크를 냅니다. 너무도 긴장한 나머지 진행자 멘트를 내보내는 대신 음악볼륨만 늘였다 줄였다 하는 실수를 그것도 세 번이나 연속해서 저지르고 만 것입니다.

그날 이후로 킹은 마이크 공포증에 시달리게 됩니다. '내가 잘못 생각했어. 난 기껏 동네 길거리에서 떠들어댈 수 있었을 뿐 이런 일을 전문적으로 해낼 능력은 없는 거야'라는 비관적인 생각에 빠져 비참한 나날을 보내게 됩니다. 그러던 어느 날 그는 우연히 스스로에게 다음 질문을 던지게 됩니다.

"말재주 하나로 세계 최고의 위치에 오른 사람들…… 그리고 사회 각 분야의 최고봉에 오른 사람들, 그들에게는 대체 나와 어떤 다른 점이 있는 걸까?"

그 해답을 얻기 위해 연구에 매달린 결과 킹은 다음 두 가지 사실을 발견하게 되었습니다.

첫째, 그들에게는 실패를 즐겁게 받아들이는 습관이 있었습니다.

유명한 야구선수 조 로웬스타인은 결정적인 순간에 번트에 실패하여 팀을 패배로 몰아넣는 대실수를 하고서도 신문기자들 앞에서 "중국에는 10억 인구가 살고 있죠. 하지만 내일 아침에 그들 가운데서 내가 번트에 실패했다는 사실을 알 사람은 아무도 없어요"라며 실패를 넉살 좋게 받아들이고 있었고, LA다저스 감독 토미 라소다는 챔피언 결정전에서 상대팀으로부터 대패배를 당하고서도 싱글벙글한 얼굴로 방송에 출연해서 "내 생애 두 번째 최고의 날은 우리 팀이 대패배를 한 날이죠"라며 너스레를 떨고 있었습니다.

둘째, 그들에게는 하루를 충실하게 보내는 습관이 있었습니다

'위대한 타자', '천부적인 재능을 가지고 태어난 축복받은 사나이' 라 불리는 전설적인 야구선수 테드 윌리엄스는 세계적으로 성공한 뒤에도 매일 마운드에서 보통 선수들과 똑같이 배팅연습을 하고 있었고, 신이 선사한 목소리의 소유자라 불리는 성악가 루치아노 파바로티는 세계 순회공연을 다니는 와중에도 개인교수로부터 매일 성악레슨을 받고 있었습니다.

자신도 위의 두 가지 습관을 몸에 지녀 세계적으로 성공하는 사람이 되어야겠다고 다짐한 킹은 그날부터 실패를 즐겁게 받아들이는 자세와 진정한 실력을 갖추기 위한 필사적인 노력을 전개해 나가게 됩니다.

그로부터 10여 년 후, 킹은 세계적인 방송 CNN에서 자신의 이름을 내건 라이브 토크쇼를 진행하는 방송자가 되어 자신의 꿈을 이루게 됩니다. 래리 킹은 이후 20여 년 동안 "대담의 황제", "우리 시대 최고의 커뮤니케이터"라는 칭송을 들으며 현재까지 토크쇼 분야 세계 최정상의 자리를 지키고 있습니다.

올해 70세를 바라보는 세계 최고의 대담꾼 래리 킹은 자신의 성공에 자만하지 않고 매일 스스로에게 다음과 같은 말을 하면서 실패를 즐겁게 받아들이는 연습과 말하기 연습을 멈추지 않고 있다고 합니다.

"실패는 나를 성장시키는 것이다. 실패를 즐겁게 받아들이지 못하는 사람은 어떤 일도 이루지 못한다."

"스스로 말을 잘한다고 느끼든 잘하지 못한다고 느끼든 나는 지금보다 말을 더 잘할 수 있다."

네 번째 이야기
– 절대로, 절대로, 절대로 포기하지 마라

한 중학생의 꿈

"제 가슴 속은 미켈란젤로나 라파엘로 같은 위대한 예술가가 되고야 말겠다는 생각으로 가득 차 있습니다."

선생님은 깜짝 놀랐습니다.

지루한 수업시간에 분위기 전환을 위해 학생들에게 반 농담으로 "넌 커서 뭐가 될래?"라고 물어보고 있었는데, 평상시에 전혀 눈에 띄지 않던 한 학생이 두 주먹을 쥐고 벌떡 일어서더니 몸을 부르르 떨면서 자신의 꿈을 큰 소리로 외치는 것이 아니겠습니까.

이제 중학생인 소년의 꿈은 역사에 큰 획을 긋는 위대한 인물이 되는 것이었습니다. 소년은 틈만 나면 이렇게 말하곤 했습니다.

"세상에 태어나서 아무런 발자취도 남기지 못하고 가는 것은 생각만 해도 끔찍해. 나는 반드시 위대한 예술가가 되겠어. 나는 우리 나라 최고 미술대학에 최우수 장학생으로 입학할 거야. 그리고 대학을 졸업하면서 출품하는 나의 살롱전 데뷔작은 심사위원들의 만장일치로 최우수 작품으로 선정될 거야. 데뷔 이후로 내가 만들어 내는 작품은 전 세계인의 찬사와 존경을 받게 될 거야. 나는 국가의 영웅으로 칭송받을 거고 사람들은 먼발치에서라도 나를 보았다는 사실에 감격하게 될 거야. 내 작품은 역사에 영원히 남게 될 거고 세월이 흐를수록 내 명성은 드높아져서 마침내 내 이름은 하나의 전설이 되고 말 거야."

꿈은 끝까지 추구하라고 있는 거야

반드시 큰 인물이 되겠다고 공언하던 소년은 드디어 중학교를 졸업하고 최고 미술고등학교에 원서를 내고 입학시험을 치르게 되었습니다. 그러나 결과는 낙방이었습니다. 미술 고등학교의 어떤 선생님도 소년의 작품을 눈여겨보지 않았습니다. 소년은 쓴웃음을 지으며 삼류 미술고등학교에 진학해야 했습니다.

고등학생이 된 소년은 뜻이 맞는 몇몇 친구들과 함께 최고 미술대학을 목표로 고교시절 내내 작업실에 틀어박혀 실력을 갈고 닦았습니다.

그리고 마침내 대학입시를 앞두고 소년과 친구들은 "우리는 해낼 수 있다. 우리는 최고의 실력을 가졌다. 합격은 아무것도 아니다"라는 불타는 확신을 갖게 되었습니다. 그러나 그렇게 당당하게 입학시험을 치렀건만 결과는 낙방이었습니다.

  이제 스무 살의 청년이 된 소년은 친구들과 재수를 하기로 했습니다. 그들은 1년 동안 작업실에 틀어박혀 작품을 만들었습니다. 그리고 다시 시험을 치렀습니다. 그러나 결과는 낙방. 땅이 꺼지고 하늘이 무너지는 것 같은 실망과 낙담만을 맛봐야 했습니다. 그 뒤로도 다시 2년 동안 오로지 '최고 미술대학'을 목표로 피가 마르고 뼈가 깎이는 듯한 삼수, 사수 생활을 했지만 결과는 낙방, 또 낙방이었습니다.

  전 국민의 인정은커녕 미술대학 교수 몇 사람의 인정도 받지 못한 청년과 두 친구는 결정을 해야 했습니다.

  "꿈을 계속 추구할 것인지, 아니면 꿈을 접을 것인지."

  이 문제 앞에서 청년의 친구들은 고개를 힘없이 가로 저었습니다. 그들은 이렇게 말했습니다.

  "우리들에게 가능성이 없다는 것은 이미 증명되었어. 고등학교 3년, 재수생활 3년, 6년이면 충분해. 우리에게는 위대한 조각가는커녕 삼류 조각가가 될 소질도 없는 거야."

  친구들은 할 만큼 했으니 안타깝지만 이제 그만 꿈을 접고 현실에 적응하자라며 청년의 손을 잡았습니다. 그러자 청년은 친구들의 손을 세차게 뿌리치더니 주머니 속에서 '무엇인가를 진정으로 원하는 사람은 언젠가는 그 목표를 반드시 이루고야 만다'라고 적힌, 세 사람의 지난

6년간의 뼈아픈 생활을 버티게 해준 꿈의 쪽지를 꺼내 보이면서 이렇게 말하는 것이었습니다.

"이 바보들아, 꿈은 포기하라고 있는 게 아니야. 꿈은 끝까지 추구하라고 있는 거야. 이제, 이제 겨우 6년밖에 안 했는데 뭐가 어렵다고, 뭐가 힘들다고 포기하려는 거야. 우리는 할 수 있어. 라파엘로, 미켈란젤로 같은 위대한 조각가가 될 수 있다고!"

그러나 청년의 친구들은 고개를 힘없이 가로저을 뿐이었습니다.

언젠가는, 언젠가는 반드시 이루어진다

며칠 뒤 청년과 두 친구는 생계를 위해 공장에 취직하게 되었습니다. 그런데 청년은 공장에서 일을 하면서도 공장 한 쪽에 작업실을 차려놓고 틈만 나면 달려가 조각에 몰두하는 것이었습니다. 친구들이 혀를 차면서 우린 안 된다고 말할 때마다 청년은 아무 말 없이 주머니에서 "무엇인가를 진정으로 원하는 사람은 언젠가는 그 목표를 반드시 이루고야 만다"라고 적힌 쪽지를 꺼내 친구들에게 보여주고는 다시 조각에 열중하곤 했습니다.

휴식시간이 끝난 줄도 모른 채 조각에 몰두하곤 하던 청년은 공장장에게 밉보여 마침내 공장에서 쫓겨나고야 말았습니다. 그 뒤로 청년은 공사장 막노동꾼으로, 액세서리 기술자로, 채석장에서 돌을 깎는 일꾼으로 일했습니다. 그 와중에도 청년은 조각가의 꿈을 목숨처럼 물고 늘어졌습니다. 청년의 손에서는 조각관련 책이 한순간도 떠날 줄 몰랐고, 일을 마치고 돌아오면 다음날 새벽이 밝아올 때까지 조각에 몰두하다가 잠깐 눈을 붙이고 다시 공사판에 나가는 식이었습니다.

공사판에서 막노동꾼으로 떠돌기를 수년, 삼십대의 청년은 드디어 그토록 원했던 살롱전 출품 기회를 얻게 되었습니다. 그런데 막상 작품을 제출하자 살롱전 심사위원단은 '살롱전에 출품하기에는 작품의 질이 현저하게 떨어진다'라며 작품을 되돌려 보냅니다.

살롱전 출품이 취소됐다는 통보를 받은 청년은 술을 마시고 세상을 한탄하는 대신 주머니에서 손때가 절어 꼬깃꼬깃해진 쪽지를 꺼내 한참을 들여다보았습니다. 그리고는 바로 집으로 돌아가 조각칼을 잡았습니다. 그러면서 청년은 "꿈은 추구하라고 있는 것이야. 나는 미켈란젤로, 라파엘로 같은 위대한 조각가가 될 수 있어. 암 그렇고 말고. 그건 정해진 이치야. 단지 늦게 오는 것뿐이라고"라며 밤새도록 혼잣말을 하며 작업에 몰두했습니다.

그 뒤로도 몇 년 동안 청년은 살롱전에 출품할 기회를 전혀 잡지 못합니다. 오히려 유명 조각가의 조수로 들어갔다가 "조각가로서의 전망이 전혀 보이지 않는다"는 평가와 함께 조수직에서조차 해임되고 맙니다.

조각에 투신한 지 20여 년, 이제 마흔을 바라보는 나이에 완벽하게 원점으로 되돌아간 그가 조수실에서 나와 처음으로 한 일은 주머니에서 "무엇인가를 진정으로 원하는 사람은 언젠가는 그 목표를 반드시 이루고야 만다"라고 적힌 쪽지를 꺼내 큰 소리로 읽는 일이었습니다. 그리고 다시 집으로 돌아가 조각칼을 잡는 일이었습니다.

신의 손을 가진 조각가, 미켈란젤로에 버금가는 재능을 지닌 조각가, 시인 라이너 마리아 릴케가 비서로 일한 것을 영광으로 여겼던 예술가, 오귀스트 로댕(Auguste Rodin)은 그렇게 자신의 꿈을 이루었습니다.

다섯 번째 이야기
- 최고의 성공은 최대의 난관 속에 숨어 있다

67세, 999번의 퇴짜

한겨울의 시린 새벽바람이 콜로라도 주의 광활한 평원 위에 세워진 낡고 작은 픽업 트럭을 때리고 지나가자 트럭 속에서 할아버지 한 분이 기지개를 켜고 일어났습니다.

뚱뚱한 체구에 백발이 성성한 할아버지는 잠시 차안을 정리하더니 차에서 내려 공중화장실로 달려갔습니다.

할아버지는 화장실 세면대에서 경쾌하게 휘파람을 불면서 세수를 하고 면도까지 마치더니 트럭으로 돌아와 아침밥 대신 어젯밤에 먹다 남긴 식어빠진 치킨을 뜯으면서 하루 일정을 체크했습니다.

잠시 후 해가 떠오르자 할아버지는 하얀색 양복을 멋지게 차려입고 전날 약속해 둔 레스토랑을 향해 트럭을 바람처럼 몰고 갔습니다.

그러나 할아버지는 레스토랑 앞에서 무려 세 시간이나 기다려야 했습니다. 레스토랑의 문은 열었지만 프랜차이즈 계약을 하기로 했던 사장이 아직 나타나지 않았기 때문이었습니다. 무시당했다는 생각에 잠시 마음이 울적해지기도 했지만 그러나 할아버지는 웃는 얼굴로 사장을 기다리기로 했습니다.

잠시 후 사장이 나타났고 할아버지는 이제 됐다라며 기쁨에 가득 찬 얼굴로 사장을 따라 레스토랑 사무실로 들어갔습니다.

그리고 몇 시간 뒤…… 레스토랑 앞을 지나가는 사람들은 하얀 양복을 멋지게 차려입은 환갑의 노인이 마치 온 세상의 고민을 다 짊어진 듯한 얼굴로 슬프게 서 있는 것을 보아야 했습니다.

구백구십구 번째!

할아버지는 전국의 레스토랑을 대상으로 자신의 프랜차이즈 사업계약을 하러 돌아다니고 있었는데 오늘까지 도합 구백구십구 곳의 레스토랑에서 퇴짜를 맞은 것입니다.

"몇 년 뒤면 일흔을 바라보는 나이에 이 무슨 비참한 꼴이냐!"

이런 생각이 들자 이제껏 낙담이라고는 몰랐던 할아버지에게도 슬픔이 밀물처럼 몰려와 두 눈 가득 이슬이 고이게 했습니다.

그 때였습니다. 레스토랑 앞에서 놀고 있던 아이 몇 명이 다가와 할아버지에게 말을 걸었습니다.

"할아버지, 할아버지는 왜 그렇게 하얀 옷을 입었어요? 그리고 아까부터 왜 계속 레스토랑 앞에 서서 눈을 지그시 감고 서 있기만 하세요?"

그러자 할아버지는 주머니에서 손수건을 꺼내 눈가에 고인 눈물을 쓱 하고 닦아내더니 활짝 웃으면서 이렇게 말하는 것이었습니다.

"허허허, 우리 어린이 친구들이 할아버지가 레스토랑 앞에 왜 이렇게 오래 서 있는가 구경하고 있었구나. 음, 이 할아버지는 말야. 몇 년 뒤에 이곳에 거대한 식당을 하나 지을 거란다. 그 식당은 장사가 너무너무 잘 돼서 요리를 먹으려는 사람들이 이 도시의 끝까지 줄을 서서 기다릴 정도가 될 거란다. 그러면 할아버지는 손님들 앞에 오늘처럼 하얀 옷을 입고 나타나 웃는 얼굴로 인사를 할 거란다. '찾아주셔서 감사합니다. 조금만 기다려 주세요. 너무 맛있어서 입안에서 뼈째 녹아버리는 환상의 치킨 요리를 드시게 될 것입니다' 라면서 말이지. 그걸 상상하고 있자니 할아버지는 가슴이 떨려서 움직일 수조차 없을 지경이었단다. 너희들이 말을 걸어주지 않았다면 아마 할아버지는 이대로 굳어버렸을지도 몰라. 허허허, 현재를 보면 슬프기만 하지만 미래를 상상하면 가슴이 벅차기만 하구나. 자, 어린이 친구들아. 나중에 또 만나자꾸나. 이 할아버지는 또다시 꿈을 향해 나갈 거란다. 그럼 잘 있으려무나, 허허허."

인생 최대의 난관 속에 최고의 성공이 숨어 있다

 어리둥절한 표정을 하고 있는 아이들을 뒤로 하고, 사람들이 자신의 상표를 단 음식점 앞에 끝이 보이지 않을 정도로 줄을 서 있는 모습 하나만을 그리면서, 또 다시 기약 없는 여행길에 오른 66세의 할아버지는 그 뒤로도 무려 101곳이 넘는 레스토랑에서 퇴짜를 맞게됩니다. 어떤 레스토랑에서는 잡상인으로 오해하고 설거지물을 끼얹기도 했고, 또 다른 레스토랑에서는 아들뻘 되는 사장이 이제 그만 나이를 생각하고 쉬라는 내용의 거만한 설교를 늘어놓기도 했습니다.
 그러나 할아버지는 사람들의 거절을 자신의 거절로 연결시키지 않았습니다. "우리 레스토랑에서는 당신의 요리를 취급할 수 없다"라는 거절의 말을 무려 1,100곳이 넘는 레스토랑에서 들으면서도 그들의 의견에 동조하여 스스로에게 "그래, 내 요리는 형편없어. 아마 나는 단 한 건의 계약도 따내지 못할 거야"라고 말하지 않았습니다. 언제나 스스로에게 "내 요리는 완벽해. 나는 할 수 있어"라고 말했습니다.

65세의 나이에 트럭에서 잠을 자고 공중화장실에서 세면을 하는 생활을 3년 넘게 계속했지만 그는 절망하는 대신 희망했고, 우는 대신 웃었습니다. 방황하는 대신 행동했고 자포자기하는 대신 새로운 도전을 찾아 떠났습니다. 세상을 탓하는 대신 세상을 감싸안았고 신을 원망하는 대신 기도를 했습니다.

커넬 샌더스

사우던 철도회사, 노 포크 앤드 웨스턴 철도 회사, 일리노이 센트럴 철도회사, 변호사, 펜실바니아 철도회사, 보험회사 영업사원, 페리보트 경영자, 상공회의소 비서, 램프제조 판매업자, 미셸린 타이어 영업사원...... 어떤 회사에 들어가든 결국 해고를 당했고, 어떤 일을 하든 실패만 했던 그였습니다.

그러다가 49세에 '샌더스 까페'를 짓고 이후 16년 동안 안정된 생활을 하면서 '내 인생은 해피엔딩으로 끝나는구나'라고 생각하며 하루하루 즐겁게 살고 있었습니다.

그런 그에게 어느 날 인생 최대의 난관이 닥쳐왔습니다. 샌더스 까페는 고속도로 여행자들을 대상으로 음식을 팔았는데 까페 너머에 새로운 고속도로가 건설되면서 그의 까페에 찾아오던 손님들의 발길이 뚝 끊긴 것입니다. 하루아침에 실업자가 된 그가 가게를 처분하고 손에

쥔 돈은 단돈 105달러였습니다.

이제껏 쌓아올린 모든 것이 잿더미로 변해버린 상황에서 그는 절망하는 대신 "나에게 은퇴라는 말은 없다. 어떠한 역경이 닥쳐와도 포기하지 않을 것이다. 지금까지 그렇게 살아온 것처럼 몇 번을 쓰러지더라도 다시 일어설 것이다. 목숨이 붙어 있는 한 나는 계속 움직일 것이다"라고 말하며 각오에 각오를 다지면서 새로운 꿈을 향해 나갔습니다. 그리고 마침내 68세에 1,101번째 레스토랑에서 첫 번째 프랜차이즈 계약을 따내게 됩니다.

그렇게 시작된 그의 사업은 오늘날 세계 80개국, 1만 개 이상의 점포에서 KFC라는 상표를 달고 연간 약 25억 인분의 식사와 약 47억 개의 켄터키 후라이드 치킨을 공급하고 있습니다.

지금도 KFC 매장 앞에 가면 검은 뿔테 안경을 쓰고 지팡이를 팔에 건 할아버지 한 분이 그 옛날 처음 프랜차이즈 계약을 하러 다녔던 그 복장 그대로 만면에 온화한 미소를 띠고 서 있는 모습을 볼 수 있습니다. 할아버지는 이렇게 말하는 듯합니다.

"실패와 좌절의 경험도 인생을 살아가면서 겪는 공부의 하나랍니다. 자신이 이제까지 걸어온 길을 하찮게 평가하지 마세요. 현실이 슬픈 그림으로 다가올 때면 그 현실을 보지 말고 멋진 미래를 꿈꾸세요. 그리고 그 꿈이 이루어질 때까지 앞만 보고 달려가세요. 인생 최대의 난관 뒤에는 인생 최대의 성공이 숨어 있답니다."

여섯 번째 이야기
- 햇살은 다시 비친답니다

전쟁터에서 스케치를 하는 군인

비현실적인 느낌을 주는 묵직한 중량의 흑색 대포알들이 귀청을 찢는 휘파람 소리와 함께 낙하하는 전쟁터의 한 참호 속, 가슴에 찰스 슐츠라는 명찰을 단 한 군인이 천지가 개벽하는 듯한 폭발소리에도 아랑곳하지 않고 도화지만 뚫어져라 쳐다보고 있었습니다.

마치 자신의 두 눈이라도 박아 넣을 듯한 기세로 도화지를 노려보던 슐츠 군인은 일순 무언가가 떠올랐는지 번개 같은 속도로 스케치를 해 나가기 시작했습니다. 잠시 후 완성된 스케치를 검토하던 슐츠 군인은 뭐가 못마땅했던지 지우개를 꺼내 스케치를 전부 지워버렸습니다. 그리고 눈을 감고 명상에 잠기더니 다시 연필을 들고 새로운 스케치를 하기 시작했습니다.

다음날 아침, 전우들과 진지순찰을 나가서도 슐츠 군인은 독특한 행동을 취했습니다. 순찰을 마친 뒤 동료들로부터 따로 떨어져 나와 높은 지대로 올라가더니 전망이 탁 트인 진지 위에 서서 햇빛의 양에 따라 시시각각으로 변해가는 하늘과 낮고 고요하게 흘러가는 강, 나무, 바위, 풀, 숲 등 시야에 들어오는 인상적인 풍경들을 그윽한 눈길로 하나씩 하나씩 응시하더니 두 눈을 지그시 감고 마음 속 깊은 곳에 새겨두는 것이었습니다.

하루 일과가 끝나고 동료 군인들이 모두 잠에 빠져들자 슬며시 막사를 빠져나온 슐츠는 어제의 그 참호 속에 들어가 스케치북을 꺼내들고 낮에 보아둔 인상적인 장면들을 정신없이 그려나가기 시작했습니다. 자정이 지나고 새벽이 가까워오고 먼동이 터 왔지만 슐츠의 그림연습은 끝날 줄을 몰랐습니다. 참호 안은 그가 내뿜는 습작의 열기로 후끈후끈 달아올랐고 바닥은 그의 옷깃을 타고 떨어진 땀방울들로 흥건하게 젖어들었습니다.

작품사절, 반송조치

그로부터 3년이 지난 어느 날, 제대하고 사회인으로 돌아온 20대 중반의 청년 슐츠는 납빛으로 변한 얼굴을 하고서 이름 모를 거리를 하염없이 걷고 있었습니다.

"유감스럽지만 당신의 작품을 거절합니다. ―세터데이 이브닝 포스트지 편집장." 고등학교 시절 세운 "혼신의 힘을 다해 매일 좋은 그림 한 장씩을 그린다"라는 원칙을 지키기 위해 군대에 징집되는 와중에도 특제 스케치북을 만들어서 제2차 세계대전에 참전했고 지옥의 불길처럼 퍼부어지는 적군의 포화에도 아랑곳하지 않고 그림을 그려온 자신의 신념과 노력을 믿고 당당하게 신문사에 작품을 보냈었는데 바로 오늘 낮, 집 앞 우체통에서 신문사 편집장의 거절통지서를 뜯어보게 되었던 것입니다.

살짝 건드리기만 해도 강물 같은 울음이 터져 나올 것 같은 얼굴로 거리를 헤매이던 슐츠는 문득 푸른 물이 넘실대는 다리 난간에 기대어 지난 삶을 반추해 보았습니다. 기억조차 하고 싶지 않은 처참한 실패들로 얼룩진…….

　중학교 시절부터 만화작가가 되겠다는 일념 하나로 주위와 담을 쌓고 오직 그림에만 몰두했었습니다. 그 결과 성적은 나날이 곤두박질쳐서 겨우 낙제를 면할 정도였고, 의무적으로 가입했던 학교 운동팀은 그의 실책으로 인해 번번이 우승에서 탈락하는 고배를 마시곤 했습니다. 그런 슐츠를 친구들은 가혹하게 대했습니다. 당시 친구들이 슐츠를 얼마나 심하게 괴롭혔던지 슐츠는 학교에서 누가 자신의 이름이라도 부를라치면 또 괴롭히려고 저러는가 싶어 사색이 된 얼굴로 줄행랑부터 치곤 했습니다.

　그 모든 아픔을 안으로 삭히며 "혼신의 힘을 다해 매일 최상의 그림을 한 장씩 그린다."라는 원칙을 지키기 위해 집에 틀어박혀 그림만 그렸지만 그의 작품은 이제껏 단 한 번도 채택된 적이 없었습니다. 그림을 보낸 출판사들마다 감감무소식이거나 "작품사절. 반송조치"라는 붉은색 도장을 큼지막하게 찍어서 돌려보내기 일쑤였습니다. 심지어는 고등학생들조차 그의 그림을 무시해서 졸업앨범에도 실어주지 않았습니다.

　본격적인 만화작가가 되고 싶어서 취직원서를 냈던 월트 디즈니사는 "발전 가능성이 없어보인다"라며 그의 원서를 반려했고, 여자친구는 "그 청년은 그림으로 성공할 가능성이 도무지 보이지 않는구나"라는 어머니의 충고를 받아들여 청혼을 거절했습니다.

　그리고 바로 오늘, 목숨을 걸고 임했던 지난 3년간의 작업 역시 쓰디쓴 실패로 돌아가 버리고 말았습니다.

나는 슬프지 않아. 꿈이 있으니까

사람의 인생이 꼬여도 어떻게 이렇게까지 꼬일 수 있는 건지, 정말 해도해도 너무한다라는 생각이 가슴 한복판을 때리고 지나가자 두 눈에서 주체할 수 없는 눈물이 쏟아져 나온 슐츠는 근처 화장실로 달려가서 얼굴을 무릎에 묻고 소리 높여 울었습니다. 잠시 후 겨우 마음을 추스리고 거리로 나온 슐츠는 다시 희망을 갖기 위해 노래를 불렀습니다. 실패할 때마다 자신에게 힘을 주기 위해 불러왔던.

"나는 울지 않아, 언젠가는 웃을 날이 올 테니까.

나는 슬프지 않아, 나에게는 꿈이 있으니까.

나는 멈추지 않아, 내일은 오늘보다 더 멀리 나갈 테니까.

라라라~~~라라라라~~~.

나는 믿지 않아 어둠을, 곧 있으면 해가 뜰 테니까."

그러다가 또 다시 슬픔이 왈칵 치밀어 오른 슐츠는 두 뺨 가득 뜨거운 물줄기를 울컥울컥 쏟아내더니 그 슬픔을 이겨내기 위해 또 다시 노래를 불렀습니다. 그렇게 희망과 절망 사이를 오가며 노래를 부르다 눈물을 흘리고 눈물을 흘리다 노래를 부르는 슐츠의 머리 위로 달이 빛났고 별들이 자리를 바꿔가며 이동했습니다.

마침내 별들도 자취를 감추고 뿌옇게 새벽 먼동이 터 올 무렵, 겨우 마음을 추스린 슐츠는 자취방으로 돌아가 도화지를 펴들고 펜부터 잡았습니다. "매일 혼신의 힘을 다해 최상의 작품을 한 장씩 그린다"는 원칙을 지키기 위해서였습니다. 출근시간이 다가오도록 아침도 거르며 그림에 매달린 슐츠는 기어이 마음에 드는 그림 한 장을 완성하고 회사로 출근했습니다. 슐츠가 그림을 그리고 나간 자리는 땀방울들이 촉촉이 젖어들어 보석처럼 빛나고 있었습니다.

 하루 일과를 마치고 퇴근한 슐츠는 집에 돌아오자마자 스케치북 앞에 앉아서 밤이 이울도록 그림에 매달렸습니다. 슐츠는 스케치북 앞에 앉아 식사를 했고, 그림을 그리다가 잠들었으며 꿈 속에서도 작품을 그렸고 깨어나면 또 펜을 잡고 그림을 그렸습니다.

 그러나 그 뒤로도 몇 년 동안이나 슐츠는 출판사들과 신문사들로부터 "당신의 작품을 채택하지 못하게 됨을 유감스럽게 생각합니다"라는 거절의 통지를 받게 됩니다.

햇살은 다시 비친답니다

 대표직인 "PEANUTS"가 신문에 연재되기까지는 무려 15년이 넘는 습작기간이 걸렸고, 독자들로부터 주목을 받기까지는 거기서 또 4년이 걸렸으며, 흔들리지 않는 인기를 얻기까지는 거기서 또 10년의 세월이 걸렸다고 말하는 스누피와 찰리 브라운의 작가 찰스 슐츠는 만화작가에게 주어지는 최고의 영예인 루벤스상을 2회, 에미상을 5회 수상하고, 프랑스 정부로부터 예술훈장을 수여받고, 헐리우드 명예의 거리 스타로 선정되고, 세계 75개국 2,600개의 신문에 작품을 연재하는 세계적인 인물이 되고서도 "혼신의 힘을 다해 매일 최상의 작품을 한 장씩 그린다"라는 자신의 원칙을 지키기 위해 대부분의 시간을 작업실에서 보내며 스누피와 찰리 브라운을 그리고 또 그렸습니다.

세계적인 톱스타가 되고 나서 사람들로부터 어떻게 그런 위대한 성공을 거둘 수 있었느냐는 질문을 받을 때마다 대답 대신 찰리 브라운 - 자기가 만든 연을 한 번도 날려보지도 못하고 매일 밤 침대에 누워 두렵다고 말하지만 희망을 버리지 않고 끈기 있게 앞으로 나가는 자신의 분신 -을 지그시 바라보곤 하던 찰스 슐츠는 다음과 같은 말을 세상에 남겼습니다.

"내가 오래 전에 배운 것이 한가지 있답니다. 그것은 언제나 어느 한 구석에는 무언가 밝은 것이 남아 있다는 거죠. 마지막까지 견디어 내면 먹구름은 사라지고 다시 햇살이 비친답니다. 그저 햇빛이 나타날 때까지 끈기 있게 기다리기만 하면 되는 거랍니다."

일곱 번째 이야기
- 문제를 보지 말고 해결책을 보세요

정신병자 아버지, 바람둥이 어머니

기차역 주변에 가기를 꺼려하고 배를 절대로 타지 않는 청년이 있었습니다. 이 청년에게는 금기가 많았습니다. 고층건물도 금기였고 날카로운 물체도 금기였으며 수면제도 금기였습니다. 그런 것을 접할 때마다 충동적으로 목숨을 끊어버리고 싶은 유혹을 느끼기 때문이었습니다.

이제 갓 스무 살이 된 청년에게 있어 삶이란 절망과 고통으로 가득 찬 것이었습니다.

청년의 아버지는 불치의 성병에 걸린 정신병자였습니다. 초등학교 시절, 아버지는 정신이 오락가락할 때마다 청년을 붙잡고 "너는 내 인생의 찌꺼기다. 너는 어떤 일도 제대로 해낼 수 없을 거다"라며 온갖 악담을 퍼부었습니다. 그러면 뒤에서 할머니가 아버지의 비위를 맞추느라 맞장구를 쳤습니다. 정신병을 숨기고 국회의장까지 당선되었던 유명한 정치가였던 아버지는 어느 날 국회에서 연설을 하다가 발작을 일으켜 사망해 버리고 말았습니다. 그 일로 청년이 가장 숨기고 싶어했던 비밀이었던 아버지의 정신병을 온 세상 사람들이 다 알게 되었습니다.

청년의 어머니는 유명한 바람둥이였습니다. 아버지가 성병에 걸린 순간부터 어머니는 집에 들어오지 않았습니다. 대신 아버지에 대한 복수의 일념으로 남자들과 염문을 뿌려대기 시작했습니다. 얼마나 심하게 바람을 피워댔던지 도색잡지의 가십란에 스캔들 기사가 단골로 오를 정도였습니다. 그 외중에 청년의 동생이 태어났는데 분명 다른 남자의 자식일 거라는 소문이 파다하게 떠돌았습니다.

아버지의 정신적인 학대와 어머니의 철저한 무관심 속에서 보낸 청년의 학창시절은 불명예스러운 오점들과 부끄러운 일화들로 가득 찬 것이었습니다. 청년은 학창시절에 낙제만 무려 세 번을 했고 선생님들과 친구들은 청년을 "학교의 수치덩어리", "인간 말종"이라는 별명으로 불렀습니다. 심지어는 전교생이 모인 가운데서 청년을 세워 놓고 "우리 학교에서 가장 멍청한 녀석"이라며 창피를 주기도 했습니다.

그렇게 암울한 시절을 보내는 동안 청년의 영혼은 나날이 피폐해져 갔습니다. 그리고 그 피폐해진 영혼을 비집고 절망과 우울이 독버섯처럼 피어올랐습니다. 마침내 청년은 빠르게 달리는 열차만 봐도 몸을 던져버리고 싶고 날카로운 물체만 봐도 목을 찌르고 싶어하는 심각한 자살충동에 시달리는 사람이 돼버리고 말았습니다.

 자살하고픈 욕망이 마음 속을 마치 검은 이리떼처럼 표류할 때면 청년은 그 충동을 다스리느라 이름 모를 거리를 하염없이 걷고 또 걸었습니다. 걸으면서 청년은 자신의 불행을 한탄했고 부모님에 대한 애증으로 몸서리를 쳤습니다.

 그러나 아무리 오랜 방황의 시간을 보냈어도 희망은 보이지 않았습니다. 죽음만이 유일한 해결책인 듯싶었습니다.

문제 대신 해결책을 보자

 그러던 어느 날이었습니다. 청년은 노트에다 자신을 괴롭히는 것들을 적어 보았습니다. 그리고 그 옆에다 해결책들을 적어 보았습니다. 아버지에 대한 고통스러운 기억들은 사랑과 존경으로 받아들이면 해결될 것 같았습니다. 어머니에 대한 씁쓸한 느낌들은 이해라는 눈길로 바라보면 해결될 것 같았습니다. 자신에 대한 사람들의 부정적인 인식은 앞으로 모범적으로 변화된 자신의 모습을 보여주면 해결될 것 같았습니다.

 그랬습니다. 감정의 물결에 휩쓸리지 않고 이성적으로 생각해 보니까 자살 외에는 해결할 방법이 없다고 생각되었던 자신의 문제들의 분명한 해결책들이 보였습니다. 문제들과 해결책들이 쓰여져 있는 종이 한 장을 들고 며칠을 고민하던 청년은 마침내 결정을 내렸습니다. 문제들은 보지 않고 해결책만 보고 나가기로. 절대로 문제들은 돌아보지 않기로. 오직 해결책만 붙들고 나아가기로.

아버지와의 화해를 위해 청년은 매일 국회 도서관에 가서 유명한 정치가였던 아버지의 연설문들을 일일이 공책에다 손으로 베껴 쓰면서 아버지의 사상을 이해하려고 애썼습니다. 성병이라든지 정신병 같은 아버지의 실패들은 의식적으로 보지 않았습니다. 아버지의 본받을 점들만 바라보자 청년의 마음 속에는 자연스럽게 아버지에 대한 존경심이 싹트기 시작했습니다. 나중에는 어디를 가든지 자랑스럽게 아버지의 이름을 대면서 나는 존경하는 그분의 아들이라고 말하기까지에 이르렀습니다. 이로 인해 청년은 어린 시절 아버지로부터 받았던 열등감을 깨끗이 씻어버리게 되었습니다.

어머니와의 화해를 위해 청년은 직접 어머니를 찾아가서 화해의 손길을 내밀었습니다. 어머니의 비도덕적인 사생활은 보지 않았습니다. 나의 어머니라는 사실만 바라보고 무한한 존경과 감사의 마음을 내비쳤습니다. 그리고 배다른 자식이라는 소문이 나돌았던 동생에게 극진한 애정을 쏟았습니다. 그러자 청년의 어머니는 바람둥이 생활을 청산하고 오직 청년의 성공을 위해 발이 닳도록 뛰어다니는 사람으로 변했습니다. 동생 또한 형의 말이라면 무조건 믿고 따르는 든든한 후원자가 되었습니다.

그동안 실패로 점철됐던 인생을 변화시키기 위해 청년은 매일 5시간 이상 반드시 독서하고 2시간 이상 반드시 운동한다라는 원칙을 세우고 실천했습니다. 자신이 세운 원칙을 지키기 위해 청년은 이를 악물고 노력했습니다. 아무리 피곤해도 5시간 독서와 2시간 운동을 하지 않으면 쉬거나 잠자리에 들지 않았습니다. 심지어 몇 년 뒤 장교로 임관되어 전쟁터에 배치되고도 하루에 5시간 이상씩 독서를 했고 전투를 하다가 어깨뼈 부상을 당한 와중에도 어깨를 붕대로 감싸고 2시간씩 운동을 했습니다. 또 마음 속 깊숙이 자리잡은 부정적인 감정들을 몰아내기 위해 낙천주의자 클럽에 가입했습니다. 여기서 그는 인생을 긍정적으로 바라보는 법과 어떤 상황에서도 즐겁게 웃는 법을 배웠습니다.

노력하면 인생은 바뀐다

청년이 자신을 변화시키기 위한 눈물겨운 노력을 경주하기 시작하자 청년의 인생도 바뀌기 시작했습니다.

꼴찌, 멍청이라는 소리는 어느새 우등생, 명석한 두뇌의 소유자라는 소리로 바뀌게 되었습니다. 약해빠진 신체의 소유자라는 평가는 어느새 보기 드문 탄탄한 근육을 가진 사람이라는 평가로 바뀌게 되었습니다. 가까이 하기 싫은 사람, 어두운 사람이라는 평판은 친해지고 싶은 사람, 항상 웃음을 잃지 않는 밝은 사람이라는 평판으로 바뀌게 되었습니다. 또 뛰어난 연설가였던 아버지의 연설문을 글자 하나 남김없이 모조리 외운 덕분에 자기 표현능력이 탁월한 사람이라는 평가를 받아 각종 단체에서 경쟁적으로 모셔가려는 인기 만점의 사나이로 변했습니다.

불과 몇 년 전만 해도 세상의 고민이란 고민은 다 짊어진 듯한 얼굴을 하고 자살충동을 달래느라 하염없이 거리를 걷고 또 걸어야 했던 그 청년이 문제가 아닌 해결책만 보고 달린 결과 세상 사람 모두가 부러워하는 인물로 변하게 된 것입니다.

하루 5시간 독서, 2시간 운동이라는 원칙을 수년 간 하루도 빼먹지 않고 철저히 지킨 결과 청년은 최연소 국회의원에 당선되어 화려한 정치인생을 시작하게 됩니다.

역사가들로부터 20세기의 가장 위대한 지도자 중의 한 사람이라는 평가를 받는 위대한 정치가, 윈스턴 처칠의 이야기입니다.

생각해 봅시다

윈스턴 처칠

20세 이전_
그의 장난은 타의 추종을 불허했다. 식료품 저장창고에서 설탕을 꺼내 팔아치우고는 회개하는 빛이 없었으며, 교장선생님의 모자를 해가 질 때까지 발로 차고 다녔다. 학교 선생님들은 그가 학교에 머무는 것을 큰 불행으로 여겼고 학생들도 모두 그를 싫어했다.
(모리스 베링, 소설가, 처칠의 후배)

너는 아무 짝에도 쓸모가 없고 건방지며 형편없는 녀석이다.
(랜돌프경, 처칠의 아버지)

처칠은 해로우에서 가장 멍청한 녀석이다. (해로우 고교 담임선생님)

확실히 그는 심각하게 자살적이었다. 기차역에서 그는 의도적으로 열차가 지나갈 때 플랫폼의 가장자리를 피했다. 그는 배의 옆쪽을 멀리했고 절대 물을 내려다보지 않았다. (존 피어슨, 처칠전기작가)

20세 이후_
스물한 살도 채 되지 않아서 처칠은 커다란 야망을 가지고 이를 실현하고자 지칠 줄 모르는 힘을 발휘하는 젊은이로 변해서 나타났다.
(존 피어슨, 처칠전기작가)

인간으로서 처칠에 대해 연구하면 할수록 그의 단호한 면이나 용기, 지도자적 기질 등이 유전적으로 그에게 뿌리내리고 있는 것이 아니라 스스로의 고의적인 결심과 강철 같은 의지의 산물이었다는 것을 알게 된다.
(안토니 스토르, 심리학자)

그는 완전히 일에 몰두했다. 정치에 바쁘지 않을 때면 그는 책을 읽거나 글을 썼다. 런던에 있는 다른 사람들처럼 사교적인 모임에 참석하거나 허송세월하지 않았다.
(J.B.야킨스, 처칠의 친구)

제4부
성공에도 기술이 있다

네가 상상하는 그대로 이루어진다

불가능을 향한 로저 베니스터의 도전

"태양은 지구의 주위를 돈다"라는 말과 "무거운 물체일수록 빠른 속도로 낙하한다"라는 말이 지난 수천 년 동안 학자들의 적극적인 지지를 받으며 틀림없는 과학적인 사실로 믿어져 왔듯이, 육상계에서는 "인간은 절대로 1마일(1.6km)을 4분 이내에 주파할 수 없다"라는 말이 마치 절대적인 진리처럼 믿어져 왔습니다.

그런데 어느 날 평소에도 "하지 않아서 그렇지 하고자 하면 못할 일이 없다"라는 말을 신조로 삼고 살던 로저 베니스터라는 사람이 이 말에 의문을 갖게 되었습니다. 그는 인간은 정신적인 한계뿐만 아니라 육체적인 한계까지도 초월할 수 있다라고 믿는 사람이었습니다.

그는 비록 유명한 육상선수는 아니었지만 자신이 사랑하는 달리기에 한계가 정해져 있다는 사실을 도저히 받아들일 수 없었습니다. 마침내 어느 날 그는 공개적으로 선언을 했습니다.

"인간이 1마일을 4분 내에 주파할 수 없다는 말을 나는 받아들일 수가 없습니다. 나는 '하지 않아서 그렇지 하고자 하면 못할 일이 없다'는 말을 신조로 삼고 있습니다. 내가 이 불가능을 가능으로 바꾸어 보겠습니다. 내가 1마일을 4분 내에 주파해 보이겠습니다."

그러자 제일 먼저 그의 코치가 노기를 띤 얼굴로 달려와 "이 정신나간 녀석! 너보다 몇 배나 기록이 좋은 선수들도 한 번도 1마일을 4분 내에 주파해 본 적이 없다. 그런데 네가 그걸 할 수 있다고 방송과 신문에 떠들다니! 로저 베니스터! 네 주제를 알아라. 그리고 현실을 직시해라. 너는 1마일을 4분 안에 주파하기는커녕 온 세계 사람들의 비웃음거리가 되고 육상계에서 매장당하고 말 거다. 지금이라도 취소하겠다고 말해라!"라며 악담을 퍼부었습니다.

그리고 몇 시간에 걸쳐 세계적인 선수들의 기록과 과학적인 수치 등을 제시해 가면서 로저 베니스터가 잘못 생각하고 있다는 사실을 납득시키려 했습니다. 그러나 로저 베니스터가 자신의 충고를 전혀 귀담아 듣지 않자 이번에는 저명한 의사에게 데려가 진찰을 받게 했습니다.

로저 베니스터의 신체를 장시간에 걸쳐 정밀진단한 의사는 고개를 절래절래 저으면서 다음과 같이 말했습니다.

"이 사람의 심폐기능과 혈압 등을 정밀히 측정해 본 결과 1마일을 4분 내에 달린다는 것은 불가능합니다. 설령 그럴 수 있다고 해도 경주를 마친 즉시 심장이 터져서 사망하게 될 것입니다."

의사의 진단결과가 발표되자 방송과 언론은 로저 베니스터의 불가능에 대해 떠들기 시작했습니다. 로저 베니스터는 실패하든지 아니면 성공하더라도 심장이 터져 즉사하든지 둘 중의 하나라며 대대적으로 보도하기 시작한 것입니다.

로저 베니스터의 상상훈련

그러나 로저 베니스터는 보이는 것만을 믿는 사람이 아니라 믿는 것을 보는 사람이었습니다. 그는 다음과 같이 믿고 있었습니다.

"나의 현재 심폐기능은 1마일을 4분 내로 주파하는 속도를 감당하지 못하고 있다. 하지만 그것은 나의 심폐기능에 한계가 있기 때문이 아니라 그 동안 내가 1마일을 4분 내에 달릴 수 없다라고 믿고 있었기 때문이다. 그 부정적인 믿음이 나의 심장에 제한을 가한 것이다. 그 부정적인 믿음을 긍정적인 믿음으로 바꾸면 된다. 그러면 내 심장은 서서히 1마일을 4분 안에 수파하는 속도를 이겨내는 심장으로 변할 것이다."

그는 이렇게 믿으면서 체계적인 운동 계획을 세우고 서서히 자신의 몸을 1마일을 4분 내로 주파하는 몸으로 바꾸어 나갔습니다.

이 과정에서 로저 베니스터가 가장 중요하게 여긴 것은 '상상훈련'이었습니다.

1마일을 4분 내로 가뿐하게 돌파하고 관중들의 열화와 같은 환호 속에서 기자들의 플래시 세례를 온몸으로 받으면서 자신이 어떻게 불가능을 극복하였는가를 인터뷰하는 모습을 하루에도 수천 번씩 마음 속으로 그리고 또 그렸던 것입니다. 그 모습을 얼마나 깊고 강렬하게 그렸던지 나중에는 자신이 이미 오래 전에 1마일을 4분 안에 돌파했으며 그 기록이 육상협회에 보존자료로 등록되었다고 믿을 정도였습니다.

그리고 마침내 운명의 1마일 경주 날.

로저 베니스터는 자신이 늘 상상해왔던 대로 1마일을 마치 바람처럼 달렸습니다. 그리고 1마일을 4분 안에 주파한 세계 최초의 선수가 되었습니다. 심장이 터지는 일은 일어나지 않았습니다. 로저 베니스터는 경주를 마치고도 가뿐하게 몸을 풀 정도로 정상적인 몸 상태를 유지했습니다. 이어 열화와 같은 관중들의 환호와 기자들의 플래시 세례를 온몸에 받게 되었고, 그는 각종 텔레비젼 프로그램과 언론매체에서 서로 모셔가려는 인터뷰 0순위의 유명인사가 되었습니다.

로저 베니스터가 상상훈련을 통해 1마일을 4분 안에 주파하자 육상계에서는 이변이 일어났습니다. 1마일을 4분 내에 달릴 수 있다는 것은 절대로 불가능하다고 믿었던 다른 많은 선수들이 "로저 베니스터가 해냈다. 1마일을 4분내에 달리면 심장이 터져 죽는다던 로저 베니스터가 해냈다. 1마일을 4분 안에 주파하고 육상계의 스타가 되었다. 우리라고 못할 것 없다. 우리도 할 수 있다." 라며 1마일을 4분 안에 돌파할 수 있다는 새로운 믿음을 갖게 되었습니다.

그리고 로저 베니스터의 '상상훈련' 을 따라 한 결과 너나 할 것 없이 1마일을 4분내에 돌파하게 된 것입니다.

그리하여 로저 베니스터의 경주가 있은 뒤 6주만에 존 랜디라는 사람이 1마일을 4분 안에 돌파했고, 이듬해에는 37명의 선수들이, 그 다음 해에는 무려 300명의 선수들이 1마일을 4분 안에 주파하게 되었습니다. 참고로 오늘날에는 육상선수 10명 중 7~8명이 1마일을 4분 내에 주파하고 있습니다.

'꿈 바라보기' 기술

로저 베니스터가 사용한 '상상훈련'은 '꿈 바라보기' 기법으로 성공학 분야나 스포츠 심리학 분야에서는 이미 고전이 되어버린 기술입니다. 이 기법의 핵심은 아래와 같습니다.

1. 자신이 되기를 원하는 사람이나 자신이 도달하고픈 목표 또는 자신이 갖기를 원하는 무엇을 마음 속에 그립니다. 그림을 그릴 때 불가능한 이유는 절대로 생각하지 않습니다.
2. 마음 속의 그림이 반드시 현실이 될 거라고 매일 매순간 간절하게 믿습니다.
3. 어떤 일이 있어도 위의 믿음을 포기하지 않습니다.

누구라도 위의 세 가지 원칙을 지킨다면 자신의 꿈을 이룰 수 있다는 게 '꿈 바라보기' 기술의 메시지입니다.

'꿈 바라보기' 기술은 오늘날 아래 분야에서 인정받고 있습니다.

양자역학계

현대 물리학의 신조류인 양자역학에서는 이렇게 말하고 있습니다.
"지구는 원자보다 수십, 수백만 배 작은 물질의 최소 단위인 양자들로 가득 채워져 있습니다. 이 양자들은 언제든지 물질로 변할 준비를 하고 있습니다. 사람이 어떤 생각을 할 때 그 사람에게서 발산되는 생각에너지는 공간에 가득 찬 양자들에 영향을 미칩니다. 만일 사람이 어떤 생각을 마음 속으로 끊임없이 한다면 그 생각이 좋든 나쁘든 양자들은 그것을 물질로 만들어 그 사람 앞에 끌어오게 됩니다."

뇌과학계

뇌과학계에서는 이렇게 말하고 있습니다.

"전두엽에는 미래기억을 담당하는 분야가 있습니다. 미래기억이란 미래의 목표를 기대하고 마음에 품어 현재의 불편함이 미래의 목표를 이루는 데 장애가 되지 않도록 하는 기능입니다. 예를 들어 신경외과 의사가 되고 싶다면 많은 시간과 돈을 들여 노력해야 그 목표를 이룰 수 있습니다. 만일 힘든 수련기간에 마음 속으로 이미 신경외과 의사가 된 자신의 모습을 그릴 수 있다면 그 사람은 그런 그림을 그리지 못하는 사람보다 훨씬 수월하게 자신의 목표를 이룰 수 있을 것입니다." [13]

신경과학계

신경생물학과 컴퓨터과학이 통합되어 탄생한, 현대 과학의 신조류인 신경과학계에서는 이렇게 말하고 있습니다.

"사람의 두뇌에는 수 조개에 달하는 신경섬유가 있습니다. 만일 사람이 어떤 한가지 상상을 지속적으로 계속하면 수십 수백만 개의 신경섬

두뇌운동(천재를 만드는 두뇌훈련법)/리처드레스택/이레출판사 2003에서 인용 각색

유들이 모여서 신경 초고속 도로를 만듭니다. 신경 초고속 도로는 실제 경험과 상상 경험의 차이를 구별하지 못하는 인간의 두뇌로 하여금 마음 속의 상상이 현실 세계에서 이미 이루어진 것이라고 착각하게 만듭니다. 그렇게 되면 두뇌는 자신이 상상한 것을 현실에서 찾기 위한 노력을 멈추지 않게 됩니다. 그 결과 신경 초고속 도로를 가진 사람은 그렇지 않은 사람보다 몇 배나 빨리 그리고 쉽게 마음 속의 목표를 이루게 됩니다."

의학계

의학계에서는 '꿈 바라보기' 기술을 '자율신경요법'과 '내시심상요법'으로 활용하고 있습니다.

- 사율신경요법

독일의 의학박사 JH. 슐츠가 개발한 치료법으로 환자 스스로가 병세가 호전되는 그림을 마음에 그림으로써 실제적인 치료로 이어지게 하는 치료법입니다. 이 치료법으로 효과를 볼 수 있다고 알려진 질환으로는 고혈압, 불면증, 긴장성 질환, 편두통, 궤양성 대장염, 당뇨, 갑상선 질환, 월경 전 증후군, 천식, 소화성 궤양 등이 있습니다. 슐츠 박사는 이 연구로 노벨상 후보에 추대되었습니다.

- 내시심상요법

주로 암 치료에 쓰이는 치료법으로, 환자로 하여금 체내에서 백혈구가 암세포를 모조리 잡아먹는 상상을 끊임없이 하게 하면 실제로 암세포가 줄어들거나 암이 극적으로 완치되는 치료법입니다. 선진국에는 이 요법만을 전문적으로 시술하는 병원들이 많이 있으며, 이 요법을 통해 암의 완치에 이른 환자 또한 수백만 명에 이른다고 합니다.

한국에서 '꿈 바라보기' 기술을 사용한 사람들

이순신 장군

이 충무공은 얼마나 확신에 찬 마음으로 승리를 바라보았던지, 그 광경이 꿈에서조차 계속되었습니다.

"홀로 앉아 간밤의 꿈을 생각해 보니…… 이는 곧 왜놈이 화친을 애걸하고 스스로 멸망할 징조다." –1594년 9월 20일

"새벽 꿈에 어떤 사람이 화살을 멀리 쏘고 있었다. ……적의 괴수를 모조리 잡아없앨 징조라 하겠다." –1596년 7월 10일

박정희

군인의 길과는 전혀 상관없는 대구사범학교에서 5년간 공부했고 이후 3년간 경상북도 문경에 위치한 문경초등학교에서 초등학교 선생님으로 근무했습니다. 그러나 자취방과 숙직실 등 눈길이 닿는 곳마다 거대한 나폴레옹의 초상화를 걸어 놓고 '나는 반드시 장군이 되겠다'고 말하며 나폴레옹 같은 장군이 된 자신의 모습을 그리고 또 그렸습니다. 그로부터 10여 년 뒤인 1953년 11월 23일, 박정희는 진짜로 장

군이 되었습니다.

남덕우 전 한국 무역협회 회장

강남구 삼성동이 허허벌판의 습지일 무렵, 마음의 눈으로 수십만 인구가 유동하는 원스톱 무역 서비스 센터가 들어서는 것을 그렸습니다. 오늘날 삼성동에는 하루 평균 35만여 명이 드나드는 무역 서비스 센터가 들어서 있습니다.

박성훈

1977년 학습지 시장에 뛰어들었지만 매출은 없고 빚만 늘어가는 생활을 무려 12년간이나 계속하게 되었습니다. 그 때 당시, 그는 좌절하는 대신 해외지사를 그린 세계지도를 펴놓고 자신이 개발한 학습지가 세계시장에 진출하는 그림을 그렸습니다. 오늘날 그의 회사 '재능교육'은 학습지 해외 영업부문 1위를 달리며 중국, 미국, 홍콩, 호주 등에 진출해 있습니다.

변대규

지구본을 보면서 자신의 회사 제품이 전 세계로 진출하는 그림을 그리는 습관이 있습니다. 현재 그의 셋톱박스는 세계 개인 고객 시장 점유율 1위를 달리며 유럽, 중동, 북미, 중남미, 남아프리카에까지 진출해 있습니다.

신창원

교도소를 탈출하는 자신의 모습을 4년간 하루도 빼놓지 않고 상상했습니다.

이건희

삼성 세계 일류 브랜드 도약, 삼성의료원 사업, 에버랜드 건설 등 크고 굵직한 일을 벌일 때마다 다음 원칙을 따랐습니다.

1. 꿈의 청사진 그리기
2. 꿈의 청사진 발표하기
3. 전 직원과 함께 꿈의 청사진 공유하기

위성복

샐러리맨 시절, 매일 아침 거울을 보면서 자신을 은행장이라 부르며 이미 은행장이 되어 있는 자신의 모습을 상상했습니다. 후일 그는 조흥은행 은행장이 되었습니다.

조재현

1984년, 철저한 무명이었을 때, 당시 인기 정상의 배우 최재성이 알렌으로 출연한 연극 에쿠우스를 보면서 알렌을 연기하는 자신의 모습을 그렸습니다. 1991년, 조재현은 연극 에쿠우스에 주인공 알렌으로 출연하게 되었습니다.

정해진

남성 헤어컷 전문점 블루클럽을 만들 때 전국 지도를 펴놓고 전국 1천 5백 개 지점에 블루클럽이 들어서는 그림을 그렸습니다. 오늘날 블루클럽은 그의 그림대로 전국 1천 5백 개 지점에서 손님들을 맞고 있습니다.

그리고 다음 사람들이 자신의 인생을 변화시킨 비결 중의 하나로 '꿈 바라보기' 기술을 들었습니다.

창립 당시 업계 400위였던 한국 유나이트 제약을 업계 28위로 끌어올린 강덕영 유나이트 제약 사장.

수십 통의 이력서를 퇴짜맞아야 했던 가망 없는 디자이너에서 세계적인 디자이너로 변신한 이노 디자인 사장 김영세.

화장실 청소부에서 미국 100대 우량기업 스타게이저 사장으로 성장한 김태연.

입사하고 17일간 물건을 한 개도 못 팔아 사표를 쓰려던 처지에서 월급 1억 원을 받는 판매의 여왕으로 변신한 박형미 화진 화장품 부회장.

가발공장 여공에서 미 육군장교, 하버드 대학교 졸업생으로 성장한 서진규.

20여 년간 30여 종류의 사업에 실패했던 인생 실패자에서 국내 최대의 참치전문점 사장으로 거듭난 (주)독도 참치의 이정식 사장.

상고 출신의 근로자에서 국내 최초로 대기업 상무가 된 윤생진 금호그룹 상무.

'33세 14억, 젊은 부자의 투자 일기' 저자 조상훈.

풋내기 보험설계사에서 연봉 10억 원을 받는 국내 최고의 보험설계사로 변신한 정미애.

주방 가구 업체 '한샘'을 7년만에 업계 1위로 만든 최양하 '한샘' 사장.

30세에 자본금 350만 원으로 차린 지하 8평짜리 가게를 10년만에 600배 규모로 성장시킨 키친나라 사장 최세규.

'꿈 바라보기' 기술을 사용한 세계인들

아무 존재도 아니었던 시절부터 틈만 나면 최고의 위치에 오른 자신의 모습을 간절하게 상상하고 또 상상했던 사람들로는 다음과 같은 사람들이 있습니다.

루즈벨트, 케네디, 헤밍웨이, 월트 디즈니, 찰리 채플린, 피카소, 헤르만 헤세, 비틀스 전 멤버, 스티븐 스필버그, 실버스타 스탤론, 톰 크루즈, 더스틴 호프만, 빌 게이츠, 아니타 로딕(비디샵 창업자), 레이 크록(맥도날드 창립자), 폴 마이어, 세계 최고의 자동차 판매왕 조 질러드, 리자 청(아시아 재벌 1위), 모리타 아키오·이부카 마사루(소니 창업자), 토마스 모나한(도미노 피자 창업자), 워렌 버펫·········.

자식이 젖먹이 아기였을 무렵부터 세계적인 위인으로 성장한 그림을 그렸던 어머니들이 있습니다.

나폴레옹의 어머니, 괴테의 어머니, 안데르센의 어머니, 멘델스존의 어머니, 슈베르트의 어머니, 아인슈타인의 어머니, 파블로 카잘스의 어머니, 찰리 채플린의 어머니·········.

톨스토이와 아인슈타인은 평생에 걸쳐 '꿈 바라보기' 기술을 사용했습니다. 톨스토이는 루소의 초상을 새긴 메달을 늘 목에 걸고 다니면서 루소처럼 위대한 인물이 되는 자신의 모습을 상상했고, 아인슈타인은 서재에 뉴턴, 패러데이, 맥스웰의 초상화를 걸어 놓고 그들처럼 위대한 발견을 하는 자신의 모습을 간절히 상상했습니다.

미국의 유명한 연극학교 'Actor's School'에는 '꿈 바라보기'가 정규 교육과정으로 등재되어 있습니다.
이 학교 출신 배우로는 말론 브란도, 마릴린 먼로, 제임스 딘, 더스틴 호프만, 로버트 드 니로 등이 있습니다.

체육계에는 다음과 같은 사람들이 있습니다.

잭 니클라우스

경기 직전에 항상 한편의 짧은 녹화필름을 시청하는 습관이 있습니다. 잭 니클라우스는 바로 이 습관 덕택에 자신이 세기의 골퍼라 불리울 수 있었다고 밝힌 바 있습니다. 마스터즈 대회 6회 우승, PGA 챔피언쉽 5회 우승, US 오픈 4회 우승, 브리티시 오픈 3회 우승, PGA 투어 및 SENIOR 투어 '그랜드 슬램' 달성이라는 골프 역사상 전무후무한 대기록의 보유자 잭 니클라우스가 경기 직전에 항상 보았던 필름은 자신이 날린 최고의 샷이 찍힌 동영상이었습니다. 잭 니클라우스와 똑같은 습관을 가진 또 다른 골프 선수로는 아놀드 파마와 타이거 우즈가 있습니다.

　육상 선수 칼 루이스와 제시카 오웬스 또한 '꿈 바라보기' 기술을 사용하여 자신들의 기록을 단축시킨 걸로 유명했습니다.

　세계 각국의 올림픽 선수단은 경기 기록 향상을 위해 '꿈 바라보기' 기술을 사용하고 있습니다.

생각해 봅시다

사람은 자기가 상상한 그대로의 인간이 된다. - 성서

전쟁, 그것은 상상하는 것이다. - 나폴레옹

상상력은 지식보다 중요하다. - 아인슈타인

화장품 외판원 생활을 접고 화장품 가게를 시작했을 때 나는 기왕이면 우리집 화장품이 대형 백화점에서도 판매되었으면 좋겠다는 생각을 했다. 그리하여 내가 만든 제품들을 가지고 백화점에 찾아갔지만 문전박대만 당했을 뿐이었다. 나는 방법을 바꿔야만 했다. 나는 마음자세부터 바꾸어야 했다. 나는 뛰어난 운동선수들, 사업가들, 투자자들의 성공비결에 대해 연구했다. 그리고 그들 뛰어난 사람 모두가 성공하기 위해 '꿈 바라보기' 기술을 사용했음을 발견했다. 그날부터 나는 대형 백화점에서 우리집 제품이 대규모로 판매되는 그림을 그리기 시작했다. 아마도 수천 번도 넘게 그렸을 것이다. 구멍가게 수준에 불과했던 에스테 로더는 그렇게 백화점에 입점했고 세계적인 기업으로 성장했다.
- 에스테 로더 (에스테 로더 화장품 창업자)

나는 오늘 10년 전의 내가 꿈꾸었던 모습 그대로 살고 있다. 이렇게 사는 것은 당시에는 기적처럼 생각되었다. 하지만 현재 나는 10년 전의 내가 바랐던 것 가운데 이루지 못한 일이 거의 없다. 그렇다고 내가 바랐던 것 이상으로 이룬 것도 없다. '꿈 바라보기' 기술은 이토록 정확한 기술이다.
- 보도 섀퍼, '열두 살에 부자가 된 키라' 저자

내가 상상했던 나의 모습은 언제나 최고의 나였다. 아버지를 여의고 찻집 종업원으로 일할 때도, 폐병에 걸려 목숨이 오락가락 할 때도 나는 언제나 최고의 나를 상상했다.
- 리자 청

저는 어렸을 때부터 '꿈 바라보기' 기술을 사용했습니다. 그 기술을 사용할 때 저는 어떤 의심도 품지 않았습니다. 마음의 힘은 믿을 수 없으리만치 놀랍습니다. 미스터 유니버스가 되기 전에도 저는 제 자신이 이미 미스터 유니버스가 된 것처럼 행동했습니다. 그 타이틀은 이미 제 것이었습니다. 저는 이미 제 마음 속에서 미스터 유니버스가 되었기 때문에 제가 그 메달을 따리라는 것에 어떤 의심도 품지 않았습니다. 영화계에 발을 들여 놓았을 때도 마찬가지였습니다. 저는 '꿈 바라보기' 기술을 사용하여 제 자신이 이미 성공한 영화배우가 되었다고 상상했습니다. 그리고 모든 것이 제 상상대로 되었습니다.
- 아놀드 슈왈츠네거

네가 쓰는 그대로 이루어진다

'꿈 쓰기' 기술

'꿈 쓰기' 기술의 내용은 간단합니다. 그것은 종이에 자신의 꿈을 쓰고 그 꿈을 이루기 위해 노력한다면 언젠가는 종이에 쓴 것이 전부 이루어진다는 것입니다.

이 기술은 주로 공장 노동자, 사환, 거지, 부랑아 같은 인생 밑바닥에서 세계적인 부자, 세계적인 작가, 세계적인 강연가 같은 인간으로서 도달할 수 있는 최상의 위치에 오른 사람들이 자신의 인생을 변화시키기 위해 공통적으로 사용했던 방법입니다. 이 방법은 일반인들에게는 전혀 공개되지 않았다가, '세상의 모든 사람들을 성공자로 만들어 주고 싶다'는 꿈을 가졌던 강철왕 카네기를 통해 세상에 알려지게 되었습니다.

카네기의 말에 따르면 자신은 평생동안
1. 목표를 종이에 적는다.
2. 하루 두 번(기상 후, 취침 전) 종이에 쓴 목표를 큰 소리로 외친다는 두 가지 원칙을 실천했는데, 그 결과 1주일에 1달러 20센트를 받던 면화공장 노동자에서 개인 재산만 4억 달러 넘게 소유한 거부로 성장하게 되었다고 합니다.

특기할 만한 사실로는, 카네기는 자신에게 부자가 될 수 있는 방법을 물어 온 모든 사람들에게 위의 '꿈 쓰기' 기술을 가르쳐 주었는데 대부분의 사람들이 황당하게 생각하면서 따르지 않았다고 합니다. 다만 그 중 약 20여 명의 사람들이 카네기기 가르쳐 준 '꿈 쓰기' 기술을 전대적으로 믿고 따르며 실천했는데 후일 이 사람들은 전부 카네기 못지 않은 부를 얻게 되었다고 합니다.

카네기의 '꿈 쓰기' 기술은 25년간 20,000여 명의 성공자들의 성공비결을 파헤쳤던 나폴레온 힐에 의해 체계화되었습니다.

나폴레온 힐은 카네기의 기술에 20,000명의 성공자들로부터 추출한 '꿈 쓰기' 기술을 더해 다음 원칙을 세상에 발표했는데, 이 원칙을 따라한 결과 나폴레온 힐 당대에만 수십만 명의 사람들이 자신의 꿈을 이루게 되었다고 합니다.

나폴레온 힐이 정리한 '꿈 쓰기' 기술은 발표된 지 60여 년이 지난 오늘날에도 전 세계적으로 헤아릴 수 없이 많은 사람들로부터 '이 기술 덕분에 성공할 수 있었다' 는 찬사를 받고 있습니다.

나폴레온 힐이 정리한 '꿈 쓰기' 기술

1. 바라는 꿈의 목표를 명확하게 정하라.
   - 예를 들어 부자가 되고 싶다면 벌고 싶은 돈의 액수를 명확하게 숫자로 정하라. 단순히 '돈을 많이 벌기를 원한다' 는 식의 애매모호한 목표를 세워서는 안 된다.
2. 꿈을 이루기 위해 '어떤 행동을 할 것인가?' 를 결정하라.
3. 꿈을 달성하는 '날짜' 를 정하라.
4. 꿈을 성취하기 위한 치밀한 계획을 세우고 설령 아직 준비가 다 되지 않았더라도 상관하지 말고 즉시 행동에 들어가라.
5. 위의 4원칙을 종이에 상세하게 써라.
6. 종이에 적은 것을 1일 2회, 취침하기 직전과 아침에 깨어난 즉시 큰 소리로 읽어라. 이 때는 종이에 적힌 것을 당신이 이미 얻었다고 생각해야 한다.

'꿈 쓰기' 기술을 사용한 사람들

김종월

가정 주부이던 시절 남편에게 보내는 편지에 이렇게 적었습니다. "나는 사업으로 성공하여 벤츠를 탈 것이고 300평 이상 되는 주택에서 살겠습니다." 그리고 남편으로부터 '정신 나갔다' 는 소리를 들었습니다. 그 뒤로 20여 년이 지난 오늘날, 그녀는 연매출 200억 원에 달하는 국내 최고의 여성 레포츠 의류회사 빼띠앙뜨의 사장으로 일하고 있습니다.

로리 베리 존스, '최고 경영자 예수' 저자

연봉 3만 6천 달러를 받던 샐러리맨이었던 1985년, 한 세미나에 참석하여 '꿈 쓰기' 기술에 관해 들었습니다. 처음엔 반신반의했지만 이내 꿈을 쓰지 않는 것보다는 낫다는 생각을 하고 '내년에 나는 8만 6천 달러를 벌겠다' 라고 적어서 욕조에 붙여 두었습니다. 1986년, 그녀는 사업가가 되었고 연말에 8만 6천 달러를 상회하는 돈을 벌게 되었습니다.

루 홀츠

20대 중반에 직장에서 해고당한 뒤 '꿈을 종이에 쓰면 이루어진다'는 말을 듣고 지푸라기를 잡는 심정으로 노트에 무려 107개나 되는 꿈을 적었습니다. 이 중에는 '백악관 만찬에 초대받는 유명한 사람이 된다.' '미국 최고의 축구팀 코치가 된다' 같은 당시로서는 거짓말 같은 꿈들이 많이 포함되어 있었습니다. 후일 루 홀츠는 만년 하위팀 노틀담 축구팀의 코치가 되었고, 이 팀을 2년만에 최우수 팀으로 만들어 일약 유명인사가 되었으며 백악관 만찬에 초청받게 되었습니다. 참고로 루 홀츠는 107개의 꿈들 중 지금까지 95개를 이루었다고 합니다.

마크 빅터 한센

돔 건축 사업가로 일하다가 파산하고 기차칸 화장실 청소부 생활을 할 때, '꿈 쓰기' 기술에 관해 들었고 밑져야 본전이라는 심정으로 종이에 이렇게 적었습니다. '내가 사회를 보는 TV 프로그램이 있었으면 좋겠다.' 9년 후 마크는 실제로 자신의 이름을 내건 TV 프로그램을 맡게 되었습니다.

손정의

1980년 2월 손정의는 아르바이트생 두 명을 데리고 유니슨 월드를 차리면서 노트에 이렇게 적었습니다.

"나는 이 회사를 5년 안에 100억 엔, 10년 안에 500억 엔, 그리고 언젠가는 수조 원대에 달하는 규모의 회사로 키우겠다."

그리고 틈만 나면 사람들에게 자신의 꿈을 선전하고 다녔습니다. 오늘날 손정의의 꿈은 거의 다 이루어졌습니다.

이나모리 가즈오, 일본 교세라 그룹 회장

연매출이 5~6억 엔이던 시절, 장차 회사를 월매출 10억 엔을 올리는 기업으로 키우겠다는 꿈을 정하고 회사 입구에 '월매출 10억 엔을 달성한 뒤 전 직원이 하와이에 갑시다.' 라고 적은 플랭카드를 걸어 놓았습니다. 후일 교세라 그룹의 전직원은 하와이에 가게 되었습니다.

짐 캐리

80년대 말 무명시절에 짐 캐리는 '꿈 쓰기' 기술의 방법대로, 수표 용지의 발행인란에 영화사, 수취인란에 짐 캐리라고 써 놓고 금액란 위에 천만 불, 기한란 위에는 95년 추수 감사절 이후라고 써 놓았습니다.

1995년 11월 말, 짐 캐리는 '마스크'의 주연 출연료로 천만 불짜리 수표를 받았습니다.

예일 대학교

1953년, 미국의 예일 대학교는 졸업생들을 대상으로 다음 내용의 설문지를 돌렸습니다. "지금 당신은 인생목표를 구체적으로 적은 종이를 갖고 있습니까?" 조사 결과 3%의 학생들만이 그렇다고 대답했고, 나머지 97%는 그렇지 않다라고 대답했습니다.

1973년, 예일대학교는 졸업생들의 경제력에 대해 조사를 벌였는데 조사 결과 3%의 재산이 나머지 97%의 재산을 합한 것보다 월등히 많은 것으로 나타났습니다.

하버드 대학교 심리학 연구소

하버드 대학교 심리학 연구소는 65세 이상 정년 퇴직자들의 3%가 최고의 부와 명예를 누리고 있고, 10%는 퇴직 전과 별 차이 없는 경제생활을 영위하고 있으며, 60%는 경제적으로 가까스로 버티고 있고, 27%는 자선단체의 도움으로 겨우 살아가고 있다는 사실을 발견하고 그 원인에 대하여 조사했습니다. 조사 결과 상위 3%는 젊을 때부터 확고한 목표를 세우고 이를 글로 분명하게 적어 놓은 사람들이었고, 10%는 확고한 목표는 있었으되 글로 적지 않은 사람들이었으며, 60%는 목표가 수시로 바뀌었던 사람들이고, 27%는 목표 자체가 아예 없었던 사람들이었다라고 밝혔습니다.

생각해 봅시다

지금 당장 종이를 꺼내서 지금까지 생각했던 것, 원했던 것을 전부 적으십시오. 만일 한 페이지를 넘어간다면 그 즉시 다른 종이를 꺼내서 마저 적으십시오.
- 폴 마이어 (작가, 동기부여가, LMI 연구소 소장)
   어떻게 하면 꿈을 이룰 수 있느냐는 질문을 받고

나는 15세에 에베레스트 등정, 남태평양 횡단, 세계 일주, 달 탐험 같은 127개의 목표를 글로 적었습니다.
1980년, 나는 우주 비행사가 되어 달에 감으로써 127개의 목표를 전부 이루었습니다. - 존 고다드

1983년, 나는 내가 인생에서 더 이상 허용하지 않을 사항과 반드시 이루기로 결심한 목록을 적었습니다.
이 목표들은 바로 다음날부터 20년 후까지 장기간에 걸쳐 이루기로 마음먹은 것이었습니다. 나는 내가 과연 이것들을 달성할 수 있을까 끊임없이 생각하면서 나를 감동시키는 모든 생각을 떠오르는 대로 받아 적었습니다. 그리고 6개월 뒤 새로운 목표들을 적었습니다. 내가 원하는 배우자에 대해서, 내 아이들에 대해서, 내가 얻을 수입에 대해서, 바다를 내려다보고 있는 3층으로 된 내 집에 대해서…… 나는 꿈에 그리던 여자를 만나 결혼했고, 바다가 내려다보이는 곳에서 성처럼 생긴 3층의 작은 탑에 사무실을 갖추고 내가 미리 적어 놓은 세밀한 부분까지 똑같은 집을 구입해서 살고 있습니다.
- 앤서니 라빈스 (1997년 상공회의소 선정 세계에서 가장 뛰어난 인물 10인 선정자)

존과 나는 거의 언제나 공책을 펼쳐 놓고 나란히 앉아 우리들의 꿈을 적고는 했습니다. 첫 페이지 상단에 우리는 '레논과 매카트니의 오리지널'이라는 제목을 붙이고는 생각나는 대로 무엇이든 갖고 싶은 것, 되고 싶은 것을 적어 두었습니다. 오래지 않아 우리들의 공책은 빽빽이 채워졌습니다. 지금은 완전히 누더기가 된 그 공책에는 다음 세대에 우리가 최고의 밴드가 될 것이라는 꿈들이 가득 써져 있습니다. 소년 시절, 우리가 그 공책에 적었던 꿈들은 전부 이루어졌습니다. - 폴 매카트니

저녁에 흰 종이 한 장을 펼쳐 놓고 줄을 그어 50칸으로 만들었다. ……스무 살부터 일흔 살까지, 50년을 3년씩 나누고 그 3년을 다시 1년으로, 1년을 12개월로, 또 한달, 하루, 한 시간으로 나누어보니 지금 이 시간이 얼마나 중요한지 알 수 있었다. 나는 이루고 싶은 꿈을 구체적으로 적어나갔다. 공장에서 기술로 승부를 내야겠다는 목표를 세우고 우선 자격증을 따겠다는 계획을 짰다. 또 3년 안에 열 평짜리 아파트를 마련하겠다는 목표 아래 철저한 지축계획도……. 나는 1983년 10월 25일 저축의 날에 전국 최우수 저축왕 대통령상을 탔다. 대한민국 명인명장의 자리까지 오를 수 있었던 것도 저축하듯 인생을 설계하고 계획했기 때문이었을 것이다.
- 김규환 명장

물음표 하나로 인생이 바뀐다

스스로에게 '내가 과연 해낼 수 있을까?' 라고 묻지 말아야 합니다. 대신 이렇게 물어야 합니다. '실패하지 않을 것을 안다면 나는 지금 무엇을 해야 하는가?'

똥보 청소부와 세계적인 인물

두 사람이 있습니다.

한 사람은 성공한 사람입니다.

그는 '인생의 모든 면에서의 성공'을 목표로 삼았고 그 대부분을 이루어냈습니다. 그의 몸은 군살 하나 없는 완벽한 근육질의 몸매입니다. 그는 꿈에 그리던 이상형을 만나 결혼에 골인했고 그의 결혼생활은 완벽할 정도의 사랑과 행복으로 충만해 있습니다.

그는 부자입니다. 그가 살고 있는 집은 시가로 40억 원이 넘는 호화주택이며 그가 일년에 벌어들이는 돈은 웬만한 기업이 일년 동안 벌어들이는 돈보다 더 많습니다.

그는 세계적인 인물입니다. 그가 써낸 책은 세계적인 베스트셀러로 천만 부 이상 팔렸고 그의 강연내용을 담은 오디오 테이프는 전 세계적으로 2억 개가 넘게 팔렸습니다.

그는 사회 각계 인사들의 정신적 스승입니다. 〈포천〉지 선정 세계 500대 기업의 최고경영자들, 안드레 아가시와 그렉 노먼 같은 세계 정상급 스포츠 선수들, 마이클 잭슨과 바네사 메이 같은 세계적인 음악가들, 빌 클린턴과 조시 부시 같은 미국 전·현직 대통령들이 그를 정신적 스승으로 모시고 있습니다.

또 한 사람은 실패한 사람입니다.

그는 성공이 자신에게 어울리지 않는다고 생각하고 있습니다. 그에게는 삶의 목표도 희망도 없습니다. 사람들은 그를 가리켜 '비만', '뚱보', '돼지'라고 부릅니다.

그는 고등학교밖에 졸업하지 못했고 가난합니다. 배운 것도 없고, 벌어 놓은 돈도 부모로부터 물려받은 돈도 없기 때문에 그는 세상사는 것이 두렵기만 합니다.

그의 직업은 빌딩 청소부입니다. 멋진 정장을 차려입은 사람들이 근무하는 최신식 빌딩에서 그는 냄새나는 작업복을 입고 하루 종일 걸레질을 하고 변기를 닦습니다.

그는 사랑을 포기한 지 오래되었습니다. 뚱보에 못 배우고 가난하며 능력도 없는 자신을 여자들이 얼마나 혐오스럽게 생각하고 있는지 익히 경험했기 때문입니다.

사람들이 두렵고 세상사는 것이 눈물겹기만 한 그가 할 수 있는 일이라곤 매일 밤 자취방에서 슬픈 음악을 틀어 놓고 서럽게 우는 것이 전부입니다.

"내 곁에는 아무도 없어요. 아무도 들으려 하지 않고 내 의지조차도 귀를 막아요. 그래요. 나는 울고 있어요. 방황하고 있어요. 왜 아직도 나를 외롭게 내버려 두느냐고 말할 수조차 없어요." 그의 인생은 그가 매일 밤 코를 훌쩍거리면서 따라부르는 닐 다이아몬드의 노래가사처럼 전개되고 있습니다.

이 두 사람에게는 공통점과 차이점이 있습니다.

공통점은 이 두 사람이 '앤서니 라빈스'라는 이름을 가진 동일인물이라는 점입니다.

차이점은 8년이라는 시간차입니다. 실패자 앤서니 라빈스와 성공자 앤서니 라빈스 사이에는 정확히 8년이라는 시간차가 존재합니다.

상위 1%의 질문법

그렇다면 대체 무엇일까요? 대체 무엇이 하루 종일 빌딩에서 담배꽁초나 줍고 쓰레기통이나 비우던 앤서니 라빈스로 하여금 8년만에 미국의 대통령조차 경의를 표하는 인물로 변하게 만든 것일까요? 극한 노력을 이끌어 내는 '질문의 힘'을 이해하고, 그 힘을 자신의 행동을 변화시키는 지속적인 도구로 사용했기 때문입니다.

자신이 원하지 않는 현실을 살고 있는 사람은 누구나 이렇게 말합니다. "이게 아니야. 내가 원하는 육체는, 탄력 있고 단단한 근육질의 몸매야. 이 점수가 아니야. 내가 원하는 성적은, 이보다 훨씬 높은 점수야. 여기가 아니야. 내가 원하는 직장은, 훨씬 근사하고 안정적이며 보수도 높은 곳이야. 이런 만남이 아니야. 내가 어릴 적부터 꿈꿔온 만남은, 뭔가 감동적이고 특별한 끌림이 있는 만남이야. 이게 아니야. 내가 원하는 삶은, 진정으로 살아 있다는 느낌을 주는 그런 삶이야. 이게 아니야. 내가 원하는 현실은………."

그러나 위와 같은 말을 하는 사람들의 대부분은 현실을 바꾸어 볼 엄두조차 내지 못하고 일생을 욕구불만인 채로 살아갑니다. 그리고 그 대부분에서 벗어나서 새로운 도전을 시도하는 극소수의 사람들의 대부분 역시 철옹성 같은 현실의 벽만 절감하고 전보다 더 깊이 상심한 채로 일상에 매몰되어 살아갑니다.

어떻게 하면 이 두 개의 '대부분'에서 벗어나 자신이 원하는 삶을 살아가는 절대 소수가 될 수 있을까를 고민하던 앤서니 라빈스는 그 해답을 찾고자 하는 일념으로, '대부분'을 탈출해서 '절대 소수'로 옮겨 간 수백 명의 삶을 연구하고 또 이 문제의 해결책을 다룬 수백 권의 책을 읽은 끝에, "한계를 뛰어넘는 극한의 노력"이라는 답을 이끌어 내게 됩니다.

그리고 '절대 소수의 삶'으로 옮겨간 사람들은 '대부분의 삶'에 영원토록 머물러 있는 사람들이 절대로 던지지 않는 어떤 질문을 자기 자신에게 끊임없이 던졌고, 바로 그 질문이 그들 안에 잠들어 있던 '극한 노력능력'을 일깨웠음을 알게 됩니다.

이를테면 대부분의 삶에서 단 한 발짝도 벗어나지 못하는 사람들이 스스로에게,

"나는 왜 한 번도 성공하지 못하는 거야?"

"왜 하필이면 나지? 어쩌다가 내가 이렇게 된 거야?"

"이런 것은 해서 뭐하지? 뭣하러 시도해?"

"왜 나의 고마움을 모르는 거야? 왜 내 마음을 알아주는 사람은 한 명도 없는 거지?"

"오늘은 어떤 물건을 사지? 요즘 유행하는 최신 상품은 무엇이지?"

와 같은 질문을 던질 때, 절대 소수로 옮겨간 사람들은,

"앞으로 내가 성공하기 위해서 지금 즉시 그리고 장기적으로 취해야 할 행동은 무엇이지?"

"이 끔찍한 기분을 벗어나기 위해 내가 지금 즉시 취해야 할 행동은 무엇일까? 그리고 앞으로 다시는 이런 상황을 겪지 않기 위해서 나는 무엇을 해야 할까?"

"어떻게 하면 내게 주어진 일을 즐거운 마음으로 할 수 있을까?"

"만일 지금 시도하지 않으면 미래에 내게 돌아오는 것은 무엇일까?"

"이 사람이 내게 진심으로 고마움을 느끼게 하려면 나는 어떤 말과 어떤 행동을 해야 할까? 사람들이 내 마음을 알 수 있게 하려면 나는 그들을 어떻게 대해야 할까?"

"재정적인 자립을 하려면 나는 얼마를 저축해야 하고 어떤 투자계획을 세워야 할까?"와 같은, 행동을 유발하는 질문을 스스로를 향해 끈질기게 던지고 있었던 것입니다.

거인을 깨운 물음표

영원토록 '대부분'에 머무는 사람들과 기적처럼 '절대 소수'로 옮겨 간 사람들 사이에 존재하는 질문의 차이를 발견한 앤서니 라빈스는 시험삼아 자신의 질문을 절대 소수의 질문방식으로 바꾸어 보았습니다.

"오늘은 누구랑 어떤 맛난 걸 먹는다지?"라는 질문은 "진정 내 몸을 위하는 음식은 무엇일까?"로,

"어휴, 이 넘치는 뱃살을 어떡한다지?"라는 질문은 "복부비만을 탈출하기 위하여 지금 즉시 내가 취해야 할 행동은 무엇인가?"로,

"이러다 실패하면 어떡하지?"라는 질문은 "부정적인 생각을 없애기 위하여, 성공하기 위하여 나는 무엇을 해야 하는가?"로,

"뭐 이런 재수 없는 사람이 다 있다지?"라는 질문은 "내가 이 사람에 대해 존경할 만한 부분이 있다면 무엇일까? 비록 현실적으로는 아무

것도 없다고 해도 그래도 꼭 찾아내야 한다면 어떤 부분을 존경할 수 있을까?"라는 질문으로,

"저 사람이 날 거부하면 어떡하지? 내가 접근했을 때 기분 나빠한다면? 내 마음이 상처받게 된다면?"은 "이 사람을 알게 되면 정말 근사하지 않을까?"라는 질문으로………

질문체계를 바꾼 바로 그 순간부터 자신의 삶은 극적인 변화를 맞이하게 되었다고 앤서니 라빈스는 자신의 저서 〈네 안에 잠든 거인을 깨워라(씨앗을 뿌리는 사람들)〉에서 고백하고 있습니다. 그가 던진 새로운 질문들은 그의 내부에 잠들어 있던 거인(잠재능력)을 깨웠고, 기지개를 켜고 일어난 거인은 앤서니 라빈스의 삶에 다음과 같은 변화를 일으켰습니다.

앤서니 라빈스는 고지방 식사 대신 채식 위주의 식사를 하게 되었습니다. 그리고 아무리 피곤한 날에도 운동복으로 갈아입고 체육관으로 향하게 되었습니다. 그 결과 앤서니 라빈스의 몸무게는 1년만에 무려 17킬로그램이 넘게 줄었고 그의 몸은 단단한 근육질로 바뀌었습니다.

앤서니 라빈스는 노력의 화신이 되었습니다. 그는 자신의 분야에서 최고의 성공을 거두기 위하여 인간계발, 심리학, 동기부여, 신체향상에 대한 책을 700여 권이 넘게 읽어나가기 시작했고, 각종 세미나에 열광적으로 참석하기 시작했습니다. 그리고 한 시간에 소모되는 에너지가 프로 운동선수가 열 시간의 훈련으로 소모하는 에너지에 맞먹는다는 변화심리학 강연을 다른 강사와 비교하여 열 배나 많이 하기 시작했습니다. 그 결과 앤서니 라빈스는 변화심리학 분야의 풋내기에서,

1년만에 10년의 경력을 갖춘 사람으로, 단 4년만에 40년이 넘는 경력을 갖춘 사람으로 변신하게 되었습니다.

앤서니 라빈스는 모든 사람들을 존경심을 갖고 대하게 되었습니다. 모든 사람을 향한 그의 존경심은 오래지 않아 그를 향한 모든 사람들의 존경심으로 돌아왔습니다. 앤서니 라빈스는 사람들에게 칭송을 받기 시작했고, 국제상공회의소는 그를 '세계에서 가장 뛰어난 10인'에 선정하였습니다.

앤서니 라빈스는 이성에 대한 열등감과 소극적인 태도를 완전히 떨쳐버리고 마음에 드는 이성에게 과감하고 적극적으로 다가가는 사람으로 변화되었습니다. 그 결과 꿈에 그리던 여인을 만나 결혼에 성공하게 되었습니다.

삶을 바꾸어 주는 기적의 질문법

앤서니 라빈스가 발견한 '삶을 바꾸어 주는 기적의 질문법'은 앤서니 라빈스에게만 효과가 있었던 게 아닙니다. 질문법을 실천한 모든 사람들에게 효과가 있었습니다.

어떤 세일즈맨은 6개월만에 한달 수입이 여섯 배나 뛰어오르게 되었고, 어떤 사업가는 18개월만에 회사수입이 30억 원이 넘게 증가했으며, 어떤 여자는 23킬로그램 이상을 감량하게 되었으며, 학습 장애아 판정을 받은 어떤 학생은 천재판정을 받는 학생으로 변화되었습니다. 또 어떤 사람은 마약을 끊게 되었고 어떤 부부는 이혼의 위기에서 벗어나기도 했습니다.

그리고 오늘날, 앤서니 라빈스의 질문법은 세계 초우량 기업인 IBM, AT&T, 아메리칸 익스프레스, 맥도널 더글러스 등 〈포천〉지 선정 500대 기업의 CEO들, 미국 올림픽 선수단, 프로 축구단, 프로 농구단, 미국 상·하원 의원들, 미 육·해·공군 장성들, 세계 최정상급 연예인들, 미국 전·현직 대통령들에게 채택되어 그들의 삶을 변화시키고 업무능률을 극대화시키는 도구로 사용되고 있습니다.

삶을 바꾸어 주는 기적의 질문법을 사용하여 단 8년만에 빌딩 청소부에서 세계적인 인물로 성장하게 된 앤서니 라빈스는 오늘도 다음과 같은 질문법을 스스로에게 적용하면서 삶을 보다 나은 것으로 가꾸어 나가기 위한 노력을 게을리하지 않고 있다고 합니다.

●아침 질문법

1. 지금 내 삶에서 행복하다고 느끼는 것은 무엇인가?
   - 무엇이 나를 행복하게 하는가? 어떻게 그것이 나를 행복하게 하는가?

2. 내 인생에서 나를 들뜨게 만드는 것은 무엇인가?
   - 무엇이 나를 들뜨게 하는가? 어떻게 그것이 나를 들뜨게 하는가?

3. 내 인생에서 자랑스럽게 생각하는 것은 무엇인가?
   - 무엇이 나를 자랑스럽게 하는가? 어떻게 그것이 나를 자랑스럽게 하는가?

4. 내 인생에서 감사하다고 느끼는 것은 무엇인가?
   - 무엇이 나로 하여금 지금 감사한 마음이 들게 하는가?
   어떻게 그것이 감사하다고 느끼게 하는가?

5. 지금 내 삶에서 가장 즐기고 있는 부분은 무엇인가?
   - 지금 나는 내 삶에서 무엇을 즐기고 있는가? 그것이 어떻게 나를 즐겁게 하는가?

6. 지금 당장 내가 결단을 내린 것은 무엇인가?
   - 무엇에 대한 결단을 내렸는가? 그것이 어떻게 결단을 내리게 하는가?

7. 내가 사랑하는 사람은 누구인가? 누가 나를 사랑하는가?
   -무엇이 내가 사랑하는 마음이 들게 하는가? 그것이 어떻게 사랑하는 마음이 생기게 하는가?

●저녁 질문법

＊아침 질문법을 반복한다. 때로 다음 세 가지 질문을 더한다.

1. 나는 오늘 사회에 어떤 공헌을 했는가?
   - 나는 오늘 어떤 면에서 '주는 사람'이 되었나?

2. 오늘 내가 배운 것은 무엇인가?

3. 오늘 내 삶에서 발전을 이룬 것은 무엇인가? 또는 내가 오늘 이룬 것을 어떻게 내일을 위한 투자로 활용할 수 있을까?

물음표 하나로 인생을 바꾼 사람들

강영우

축구공에 맞아 실명한 뒤 그는 자신에게 이렇게 질문했습니다. '내가 어쩌다가 이렇게 되었지?' '왜 하필 나지?' 이 질문은 무려 5년간 계속되었고 이 기간 동안 그는 거의 폐인 같은 삶을 살았습니다. 그러던 어느 날 그는 자신의 질문을 '나의 역할모델은 누구인가?' '나는 누구의 역할모델이 되고 있는가?' 같은 발전적인 질문으로 바꾸게 되었습니다. 그의 성공 인생기는 그 때부터 쓰여지기 시작했습니다.

강제규 감독

헐리우드 영화와 홍콩 영화에 빠져 있던 시절 그는 이렇게 질문했습니다. '왜 우리는 외국 영화만 볼까?' 영화계에 입문한 뒤로 그는 그 질문을 '어째서 외국인들은 한국 영화를 보지 않을까? 그들이 한국 영화를 보게 만들려면 어떻게 해야 하는가?'로 바꾸었습니다. 그 질문에 대한 답으로 그는 '쉬리', '태극기 휘날리며' 같은 영화를 만들게 되었습니다.

브라이언 트레이시

젊은 시절, 그가 자신을 향해 아무 생각 없이 던졌던 질문은 '내 인생은 왜 늘 이 모양이지?' '왜 내 인생은 제대로 되는 일이 하나도 없지?' 같은 비생산적인 질문이었습니다. 이런 질문을 던지는 동안 그의 인생은 점점 나락으로 떨어져 갔습니다. 세차장 직원에서 청소부로, 청소부에서 노숙자로 변해갔던 것입니다. 그러던 그가 어느 날인가부터 자신의 질문을 '비참하기 이를 데 없는 내 인생을 바꾸기 위해 나는 지금 무엇을 해야 하는가?' 같은 생산적인 질문으로 바꾸기 시작했습니다. 이 질문에 힘입어 그는 노숙자에서 세계적인 비즈니스 컨설턴트로 변신하게 되었습니다.

벤자민 프랭클린

살아생전 그는 매일 스스로에게 다음 두 가지 질문을 던졌습니다.

-오늘 나는 무슨 좋은 일을 할 것인가? (아침)

-나는 오늘 무슨 좋은 일을 했는가? (잠들기 전)

초등학교 교육과정도 제대로 이수하지 못하고 사회생활을 시작했던 그는 위 질문에 힘입어 독립선언 기초 위원회 위원, 파리조약 전권 대사, 펜실바니아 주지사가 되었습니다.

이보영

대부분의 영어 강사들은 영어를 못하는 학생들을 볼 때면 '왜 아직까지 이런 것도 모르지?' '왜 이것도 못하는 거야?' 같은 부정적인 질문을 던지며 혼자 답답해하기 일쑤입니다. 그러나 그녀는 이런 질문을 던지는 대신 '이 학생은 어쩌다가 이걸 모르게 되었을까?' '이 학생을 도우려면 나는 어떻게 해야 하는가?' 같은 긍정적인 질문을 던졌습니다. 그 결과 그녀는 외국 유학을 다녀오지 않고도 자신의 이름을 대한민국 대표 영어 브랜드로 만들게 되었습니다.

이수영 이젠 사장

'이 일을 할 수 있을까?' 라는 질문을 '어떻게 하면 이 일을 잘할 수 있을까?' 로 바꾸었습니다. 그 결과 월급 250만원 받던 처지에서 주식 평가액만 500억 원에 달하는 대한민국 여성 부호 9위의 자리에 오르게 되었습니다.

윤석금

한국에 IMF가 닥치자 그는 주변 분위기에 휩쓸려 자기도 모르게 '불황이라는데 어쩌지? 어떡하지?' 같은 부정적인 질문에 빠져들었습니다. 그러자 그가 회장으로 있었던 웅진 코웨이 매출액은 밑도 끝도 없이 떨어지기 시작했습니다. 이래서는 안 되겠다고 판단한 그는 자신의 질문을 '어떻게 하면 이 위기를 헤쳐나갈 수 있는가?' 라는 도전적인 질문으로 바꾸었습니다. 그 결과 정수기 렌탈이라는 새로운 시장을 개척하게 되었고 IMF가 맹위를 떨치던 1998년, 웅진 코웨이는 창사 이래 최대의 흑자를 맞으며 정수기 업계 부동의 1위에 올라서게 되었습니다.

케네디

막 대통령에 당선되었을 당시 미국은 혼란의 극치를 달리고 있었습니다. 국민들의 불만과 불안이 '나는 이렇게 힘든데 정부는 대체 뭘 하고 있지?' '정부가 우리에게 해준 게 뭐지?' 와 같은 부정적인 질문에 뿌리를 두고 있다는 걸 간파한 그는 "국가가 여러분을 위해 무엇을 해줄 것인가? 라고 묻지 말고 여러분이 국가를 위해 무엇을 할 수 있는가? 라고 물으십시오." 라는 연설을 통해 국민들의 질문을 긍정적인 것으로 바꾸었습니다. 그 결과 케네디는 국민의 마음을 하나로 묶을 수 있었고 미국을 진정한 강대국으로 재탄생시킬 수 있었습니다.

생각해 봅시다

이삿짐 센터에 아르바이트 직원으로 들어갔던 제가 스스로를 향해 끝없이 던졌던 질문은 '어떻게 하면 고객을 만족시킬 수 있는가?' 였습니다. 이 질문에 대한 답을 찾다 보니 저는 어느새 국내 최고의 포장 이사업체 회장이 되어 있었습니다.
- 박해돈, KGB회장

장애를 탓하거나 그로 인한 실패로 괴로워할 시간에 나는 꿈을 꾸었습니다. 더 많이 생각했고, '어떻게 하면 원하는 곳에 도달할 수 있는가?' 라고 물었습니다. 그 결과 오늘의 저로 성장할 수 있었습니다.
- 오대규, 노 리넷 사장

사실 그 때 당시 저는 음식사업에 전혀 관심이 없었습니다. 하지만 저는 '지금 내가 하고 있는 이 일을 어떻게 하면 좋아할 수 있는가?' 라는 질문을 스스로를 향해 쉬지 않고 던졌습니다. 그 결과 저는 7년만에 전국에 52개의 가맹점을 가진 피자헛의 사장이 될 수 있었습니다.
- 성신제, 성신제 피자 사장

진정한 마케팅은 '우리가 팔고자 하는 것은 무엇인가?' 라고 질문하지 않습니다. '고객이 구입하려고 하는 것은 무엇인가?' 라고 질문합니다.
- 피터 드러커

'왜?'라고 묻는 질문은 더 나쁘거나 잘못된 답안을 만들어 냅니다. '왜?'라는 질문의 결과는 희망도 해결책도 미래도 아닙니다. '내가 왜 이런 일이 생기지?' '나는 왜 이런 궁지에 빠졌지?' '왜 나는 앞서 가지 못하지?' 이런 식의 질문엔 답이 없습니다. 하지만 성공한 사람들은 다른 식의 질문을 합니다. '나는 어떻게 해야 내 삶의 질을 개선할 수 있을까?' '내 인생에서 부를 창조하기 위해서는 무엇을 해야 할까?' 등의 창조적인 질문을 하는 것입니다.
- 애덤 잭슨, '내 인생을 바꾼 10번의 만남' 저자

스스로에게 이런 질문을 해보기를 권합니다. "나의 제품이나 서비스가 사람들의 문제 해결에 도움이 될 수 없다면 그들이 나와 거래를 해야 할 이유가 있을까?"
- 마이클 올리버, 내츄럴셀링 대표

많은 영업사원들이 '이 일이 내게 이익이 되나?'라고 질문합니다. 그러나 나는 '어떻게 하면 상대방에게 이익을 줄 수 있지?'라고 질문합니다.
- 매리 케이 애시

사람을 만날 때마다 나에게 이렇게 물었습니다. '과연 내가 이 사람을 올바르게 대하고 있는가? 혹시 나도 모르는 사이에 이 사람의 기분을 상하게 하고 있지는 않은가?' 그 결과 IBM을 성공적으로 이끌어 갈 수 있었고, 제가 회장을 맡기 전보다 몇 배나 큰 기업으로 성장시킬 수 있었습니다.
- 토머스 왓슨 2세

제5부
당신도 할 수 있다

당신도 할 수 있다

이 장은 당신을 위한 공간입니다.

당신의 꿈이 현실에서 이루어지려면 먼저 당신의 마음 속에서 이루어져야 합니다.

당신의 마음 속에서 '나는 이것 때문에 안 돼' 라고 소리치게 만드는 그것은 무엇입니까?

나이입니까?

학벌입니까?

돈입니까?

집안 환경입니까?

신체적 조건입니까?

사회적 배경입니까?

아니면 '넌 할 수 없어' 라고 말하는 주변 사람들의 부정적인 의견입니까?

나로 하여금 꿈의 길을 걷기를 주저하게 만드는 그것을 적어 봅시다.

_____

_____

_____

_____

그리고 다음 사람들의 이야기를 읽어 봅시다. 이 사람들은 '나는 할 수 있다'는 정신 하나로 자기 앞에 놓인 모든 장애물을 극복하고 마침내 꿈을 이룬 사람들입니다.

이 사람을 보라

강영중 (주)대교 회장
- 동네 과외방 교사였습니다.

김광석 참존 사장
- 경찰을 피해 전국을 떠돌아야 했던 때가 있었습니다.

김옥란 김옥란 유학원 원장
-한때 그녀는 파출부였고 청소부였으며 식당 종업원이었습니다.

김양평 GMP(세계 최대,최고의 라미네이팅(코팅)기계 제조회사) 창업주
- 전 재산이 단돈 5백만 원인 실직자였습니다.

김재철 동원그룹 회장
- 원양어선 선원이었습니다.

김홍국 (주) 하림 창업자

- 병아리 열 마리로 시작했습니다.

김철호 기아자동차 창업자

- 막노동꾼이었습니다.

나성애 혜진대학 교수

- 15년간 호텔 객실 청소부였습니다.

박병엽 팬택 사장

- 지방대를 졸업했습니다.

박상돈 OGN 사장 (대표 브랜드 마루)

- 초등학교 5학년을 중퇴하고 평화시장 봉제공장에서 보조로 시작했습니다.

백영중 미국 패코스틸 회장

- 영어를 전혀 모르는 상태에서 미국생활을 시작했습니다.

변두섭 예당 엔터테인먼트 사장

- 보증금 30만 원짜리 건물에 가수 한 명 없이 시작했습니다.

신격호 롯데그룹 회장

-우유 배달부였습니다.

성호정 송학식품(국내 1위의 국수업체) 사장

- 스물네 살 때까지 뻥튀기 장사였습니다.

세스코

- 자본금 300만 원, 직원 1명으로 시작했습니다.

이랜드

- 2평짜리 옷가게에서 시작했습니다.

이웅진 좋은 만남 선우 사장

- 중고 책상 두 개와 단돈 1만 원을 가지고 선배가 쓰는 사무실 한 구석에서 시작했습니다.

이장우 한국 3M 사장

- 수세미 영업사원으로 사회생활을 시작했습니다.

조운호 웅진식품 사장

- 상고출신에 야간대학을 졸업했습니다.

정문식 이레전자 사장
- 고교시절 성적이 61명 중 57등이었습니다.

최수부 광동제약 사장
- 최종학력이 초등학교 중퇴입니다.

최진순 (주)청풍 창업주
- 반신불수의 몸으로 공기청정기 개발에 뛰어들었습니다.

허태학 에버랜드 겸 신라호텔 사장
- 지방대 농대 출신입니다.

허진규 일진그룹(세계3대 공업용 다이아몬드 생산업체) 회장
- 자기 집 창고에서 시작했습니다.

조운호 웅진식품 CEO, 일동제약 이금기 사장, 이구택 포스코 회장, 김쌍수 LG 전자 최고 경영자, 허태학 에버랜드 사장, 강덕영 한국 유나이트 제약 사장, 팬택 앤 큐리텔 박병엽 사장…… 이 사람들은 모두 샐러리맨 출신입니다.

김미애 2002년 사법시험 합격자
- 스물 여섯살 때까지 야간 여상 졸업이 최종학력이었습니다.

김영태 2001년 서울법대 합격자

- 고1 때 반꼴찌였습니다.

박희경 사법시험 합격자

- 부천여상을 졸업하고 신발공장 공원, 자동차 대리점 판매원 등을 하면서 사법시험을 준비했습니다.

신상희 중앙대 문과대 수석 졸업자

- 백혈병으로 투병생활을 하면서 공부했습니다.

이동찬 서울대 사범대 수석 졸업자

- 한 번 발명하면 체온이 열흘 이상 40도를 웃도는 급발성 고열증을 앓으며 공부했습니다.

이상재 중앙대 음대 수석 졸업 및 미국 피비디 음대 6년간 올 A학점 득점자

- 시각 장애인입니다.

이정민 2002년 서울 공대 합격자

- 태어나면서부터 팔다리가 뒤틀린 뇌성마비 환자입니다.

최민석 2004년 서울대 법대 정시 합격자

- 두 눈을 전혀 보지 못하는 상태에서 수능을 준비했습니다.

김동화 2002 아시안 게임 남자체조 링 부문 금메달리스트
- 왼쪽 눈은 태어날 때부터 실명 상태고 오른쪽 눈은 거의 보지 못합니다.

김동환 길라씨엔아이(연매출 100억 원대) 사장
- 소아마비에 고졸 중퇴 학력 소유자입니다.

김홍빈
- 손가락이 하나도 없어 등산화 끈조차 묶지 못하는 몸으로 킬리만자로와 남미 최고봉 아콩카과, 북미 최고봉 매킨리를 등정했습니다.

이종기 협성정밀 기계 대표
- 250여 가지 부품이 들어가고 0.01mm의 오차조차도 허용하지 않는 컴퓨터 조각기 제작 부분 세계 최고 기록 보유자입니다.
  그는 1급 시각 장애인입니다.

박경근 소년 한국일보, 스포츠신문 연재 만화가
- 손가락이 하나도 없습니다. 두 살 때 집에서 일어난 화재로 열 손가락이 불에 타서 모두 없어졌습니다.

박지성
- 축구선수로서 가장 치명적이라는 평발 소유자입니다.

차인홍 전 대전 시립 교향악단 악장, 현 미국 오하이오주 라이트 주립대학 오케스트라 지휘자 겸 교수
- 하반신 마비로 휠체어에 앉아서 생활합니다.

허희선 제84회 전국체전 은메달리스트
- 오른손이 없습니다.
  그의 오른손은 두 살 때 작두에 잘려 사라졌습니다.

김준기 동부그룹 회장
- 24살에 직원 2명으로 사업을 시작했습니다.

박희선
- 82세에 킬리만자로를 정복했습니다.

손위옹
- 50세에 공부를 시작해 서울대 법대에 합격했습니다.

서미영 인쿠르트 사장
- 25살에 인쿠르트를 세웠습니다.

이석규
- 70세에 조지타운대학교에 입학해 75세에 박사학위를 취득했습니다.

유상옥 코리아나 화장품 회장

- 55세에 창업했습니다.

음용기 이노티브 사장

- 50세에 공부하러 미국으로 떠났고, 회갑 때 벤처기업을 차렸습니다.

엄태창 엄태창 기타 공방 사장

- 31살에 기타 제작을 시작했습니다.

정주형 이모션 사장

- 29세에 코스닥 등록 기업 최고 경영자가 되었고 30세에 1백억 원 대의 부자가 되었습니다. 그는 아르바이트 학원 강사로 사회생활을 시작했고, 남들이 버린 가구를 주워다 회사를 차렸습니다.

정행화

- 50세에 에어로빅을 시작해 뉴욕 플러싱 YMCA 에어로빅 강사가 되었고, 58세에 뉴욕 한의대에 입학하여 미국 한의사 국가고시에 합격했습니다.

권원강 교촌치킨 사장

- 처음 치킨집을 시작했을 때 몇 달간 하루 이삼천 원의 수입을 올렸습니다.

김장훈
- 92년도에 대학로 소극장에서 첫 콘서트를 벌였는데 총 다섯 명의 관객이 들었습니다. 그 중 세 명이 초대 관객이었습니다.

백현숙 대우일렉트로닉스 특판사업본부장 (12년간 148억 원어치의 물건을 팜)
- 처음 가전판매를 시작했을 때 4개월간 단 한 건의 실적도 올리지 못해 해고당했습니다.

서태지와 아이들
- 신인 시절, 특종 TV연예 '신인무대'에 출연하여 사상 최악의 심사 위원 점수를 받았습니다.

조용모 제일화재 영업교육팀 부장(전북권 최고 세일즈맨)
- 입사 시험만 108번을 보았고 전부 퇴짜맞았습니다.

정해창 듀오백 사장
- 처음 듀오백을 출시했을 때 어떤 가구점도 취급하려 하지 않아 가구점마다 발이 부르트도록 찾아다니며 '안 팔려도 좋으니 일단 들여만 놓게 해달라'고 사정해야 했습니다. 그리고 실제로 1년간 거의 팔리지 않았습니다.

김정애 LG 전자 판매여왕 (한해 35억 원어치의 물품을 팜)
- 처음 판매사원으로 일할 때 관상가로부터 '당신은 절대로 영업을 할 사람이 아니야. 빨리 그만둬' 라는 말을 들었습니다.

박동호
- CGV 건설을 하는 동안 국내 영화 관계자들로부터 "국내 관객이 얼마나 된다고 그러냐. 그만둬라"는 소리를 들었습니다.

박찬숙 앵커
- 아나운서 연수생 시절 연수 책임자로부터 '목소리가 여자답지 못하다' '(말을)너무 못한다' 는 타박을 받았습니다. 몇 년 후 그녀는 아나운서 자리에서 해직당하기까지 했습니다.

송승환
- 난타를 들고 6개국을 돌며 홍보활동을 벌일 때, 외국인들로부터 '한국에서도 연극이란 걸 하느냐?' 는 조롱을 들었습니다.

이문칠 영진출판사 사장
- 처음 컴퓨터 책을 기획했을 때 출판계 사람들로부터 '그런 책이 무슨 장사가 되겠냐' 는 소리를 들었습니다. 그가 펴낸 책 'MS DOS 입문' 은 1백만 부가 팔려 나갔고, '할 수 있다' 시리즈는 4백만 부가 팔려 나갔으며, 15년 동안 그는 총 2,200여 종의 컴퓨터 관련

서적을 출판했습니다.

전명옥 코코엔터프라이즈 부회장(한국 여성부호 22위)
- 처음 애니메이션을 시작했을 때 주변 사람들로부터 '그것 가지고 밥 먹고 살겠냐?' 는 비웃음을 들었습니다.

차인표
- 한국 영상원에서 연기과정을 배울 때 담당자로부터 '일찌감치 포기해라' 라는 말을 들었습니다.

  실제로 차인표는 KBS 15기 탤런트 시험에 응시했다가 낙방했습니다.

최인옥
- 전국에서 물이 가장 좋기로 소문난 제천시에서 정수기 부문(웅진코웨이) 전국 최고 판매 기록을 세웠습니다.

최근영 아이씨텍 사장
- 낮 기온이 40도에 달하는 베트남과 사우디아라비아에 엄청난 물량의 난로를 팔고 있습니다.

안해모 LG전자 사장

- 밤 기온이 영하 40-50도까지 떨어지는 러시아에 현재까지 25만 대가 넘는 에어컨을 팔았습니다.

여기서 다시 한 번 생각해 봅시다

'이것 때문에 나는 안 돼' 라고 외치는 내 마음 속의 목소리는 진정 내가 할 수 없기 때문에 그렇게 말하는 것인지 아니면 내가 할 수 없을 거라고 생각하기 때문에 그러는 것인지. 의심 대신 믿음을 가지면 모든 것이 가능해집니다.

다시 나의 꿈을 적어 봅시다.

_____

그리고 내가 꿈을 이룰 수밖에 없는 이유를 적어 봅시다.

_____
_____
_____
_____
_____

이제 이 책을 덮는 순간부터 꿈의 화신이 되십시오.

당신의 영혼과 정신과 육체 모두 오직 꿈을 향한 열망으로 채우고 꿈을 향해 달려가십시오.

당신은 할 수 있습니다.